职业教育汽车类专业理实一体化教材
职业教育改革创新教材

# 汽车改装技术

主　编　李吉海　姚天橹　董艳军
副主编　苏晓楠　宋宛泽　梁　强
参　编　侯　海　陈　燕　刘云锋　卢　臣
　　　　李猷可　朱恒柱　闫明辉

机械工业出版社

本书主要介绍了汽车改装技术的相关知识，主要内容包括汽车改装技术概述、汽车发动机系统改装、汽车底盘系统改装、汽车电气系统改装、汽车外观及内饰改装、汽车越野性能改装、汽车改装合同及验收，并通过实际的改装案例及结合大量图片帮助读者快速地掌握汽车各部分的改装步骤及技巧。

本书可以作为职业院校汽车改装专业教学用书，也可以作为汽车改装技术人员和广大汽车改装爱好者的参考用书。

## 图书在版编目（CIP）数据

汽车改装技术/李吉海，姚天橹，董艳军主编. —北京：机械工业出版社，2018.10（2024.9重印）
职业教育汽车类专业理实一体化教材　职业教育改革创新教材
ISBN 978-7-111-61224-7

Ⅰ.①汽…　Ⅱ.①李…　②姚…　③董…　Ⅲ.①汽车改造-高等职业教育-教材　Ⅳ.①U472

中国版本图书馆CIP数据核字（2018）第241640号

机械工业出版社（北京市百万庄大街22号　邮政编码100037）
策划编辑：于志伟　责任编辑：于志伟
责任校对：潘　蕊　封面设计：鞠　杨
责任印制：张　博
中煤（北京）印务有限公司印刷
2024年9月第1版第10次印刷
184mm×260mm·11.25印张·309千字
标准书号：ISBN 978-7-111-61224-7
定价：44.00元

电话服务　　　　　　　　网络服务
客服电话：010-88361066　　机　工　官　网：www.cmpbook.com
　　　　　010-88379833　　机　工　官　博：weibo.com/cmp1952
　　　　　010-68326294　　金　书　网：www.golden-book.com
封底无防伪标均为盗版　　　机工教育服务网：www.cmpedu.com

# 前　言

近几年，我国汽车产业高速发展，形成了多品种、全系列的各类整车和零部件生产及配套体系，产业集中度不断提高，产品技术水平明显提升，目前已经成为世界汽车生产大国。随着汽车行业的飞速发展，人民生活水平的不断提升，汽车行业已经带动很多延伸行业的兴起。其中，汽车改装业是最被汽车爱好者喜欢并看好的行业。人们在享受汽车带来的快速与便利之时，开始追求时尚与品位，寻求汽车带来的更多乐趣。由于性能的一些局限性，原厂车很难满足车主的个性化需要，在这种情况下，汽车改装行业应运而生。

但是，由于我国汽车改装行业起步较晚，发展比较缓慢，因此汽车改装的整体技术水平与国外有着很大的差距。虽然汽车改装受到越来越多车主的认同，但是目前适合车主自己进行改装操作或从事汽车改装行业人员参考的书籍相对比较少。因此，编者组织有多年从业及教学经验的人员，根据汽车改装技术发展趋势，并结合我国汽车改装专业领域技能型紧缺人才需求的实际情况，在参考大量国内外文献和借鉴一些专业改装网站的相关内容后，整理并编写了本书。

全书共七个项目，避开了深奥的理论知识，从汽车改装实际需要出发，通过大量的图片和实际改装案例，循序渐进地介绍了每一个项目实施的具体方法和注意事项，以完成项目的工作步骤为主线，充分调动读者自主学习和实践的积极性。

本书由长春职业技术学院李吉海、姚天橹和四川汽车职业技术学院董艳军担任主编，苏晓楠、宋宛泽、梁强担任副主编，侯海、陈燕、刘云锋、卢臣、李猷可、朱恒柱、闫明辉参与编写。编写过程中参考了大量国内外相关著作和文献资料，在此一并向有关作者表示真诚的感谢。

由于编者经验和学识有限，内容上难免有错漏之处，敬请读者批评指正。

编　者

# 目 录

前言
项目一　汽车改装技术概述 ································································· 1
　　任　务　汽车改装的总体认知 ······················································· 1
项目二　汽车发动机系统改装 ···························································· 15
　　任务一　发动机改装概述 ···························································· 15
　　任务二　曲柄连杆机构的改装 ······················································ 19
　　任务三　配气机构的改装 ···························································· 23
　　任务四　燃油供给系统的改装 ······················································ 26
　　任务五　进气与排气系统的改装 ··················································· 34
　　任务六　点火系统的改装 ···························································· 46
项目三　汽车底盘系统改装 ······························································· 53
　　任务一　传动系统的改装 ···························································· 53
　　任务二　行驶系统的改装 ···························································· 61
　　任务三　制动系统的改装 ···························································· 68
　　任务四　底盘保护的改装 ···························································· 72
项目四　汽车电气系统改装 ······························································· 76
　　任务一　汽车电器设备加装改装概述 ············································· 76
　　任务二　汽车照明系统的改装 ······················································ 78
　　任务三　汽车音响的改装 ···························································· 86
　　任务四　汽车安全装置的加装 ······················································ 95
项目五　汽车外观及内饰改装 ··························································· 110
　　任务一　汽车外饰的改装 ··························································· 110
　　任务二　汽车内饰的改装 ··························································· 128
项目六　汽车越野性能改装 ······························································ 141
　　任务一　越野车防护杠与车顶灯的改装 ········································· 141
　　任务二　越野防滚架及越野轮胎的改装 ········································· 147

任务三　越野车绞盘的加装 ………………………………………………… 151

# 项目七　汽车改装合同及验收 ……………………………………………… 159
　　任务一　汽车改装合同的基本知识 ………………………………………… 159
　　任务二　汽车改装检验相关文件 …………………………………………… 163
　　任务三　汽车改装质量评定 ………………………………………………… 166

# 参考文献 …………………………………………………………………………… 174

# 项目一　汽车改装技术概述

## 目标与要求

通过完成本项目，应达成以下目标及要求：
1. 能够了解汽车改装的定义及分类。
2. 能够了解汽车改装的误区。
3. 能够了解汽车改装配件的选购方法。
4. 了解汽车改装市场存在的问题。
5. 了解汽车改装的法律与法规。

## 任务　汽车改装的总体认知

### 任务导入

现有一位私家车主，因喜欢汽车改装便买了一辆改装潜力很大的高尔夫 GTi，并开始计划对自己的爱车进行一番改装升级。但是不知道针对于自己的爱车应该如何改装。你能介绍一下关于汽车改装的总体知识吗？

### 知识准备

#### 一、汽车改装的定义与分类

**1. 汽车改装的定义**

汽车改装（Car Modification）是指根据汽车车主需要，将汽车制造厂家生产的原装车进行外部造型、内部造型以及机械性能的改动，主要包括车身改装和动力改装两种。

"改装"是指改变原来的结构，"汽车改装"是指对机动车已经登记的结构、构造、特征等进行改变。"结构"是指各个组成部分的搭配和排列；"构造"是指各个组成部分的安排、组织和相互关系；"特征"是指可以作为事物特点的征象、标志等。"机动车登记的结构、构造和特征"主要是指：机动车在注册时的相关数据、技术资料和外观特征。机动车注册登记时的相关数据、技术资料是指车辆型号、车辆品牌、外扩尺寸、车长、车宽、车高、轴数、轴距、轮距、车身颜色、总质量、载质量、整备质量、乘坐人数、轮胎规格、载货汽车的钢板弹簧数量、货厢高度、燃料种类、发动机排量、功率、转向方式、最高车速、接近角、离去角、前悬、后悬等，外观特征是指机动车公告和机动车行驶证中照片记载的特征。

**2. 汽车改装的分类**

（1）**外观改装**　一般的外观改装包括前后杠、大包围、高尾翼、开孔发动机盖、HID 氙气前照灯、前照灯装饰板、贴纸等。最常见的大包围和尾翼，包围可改善气流对车身稳定性的影响，但目前国内市场上的大包围大多不具备这种功能，装饰性大过实用性。尾翼一般分单层和双层两种，还可分为手动调校和液压自动调校，液压自动调校可根据车速自动调整角度。

汽车内饰改装难度更大一些，可以是针对动力改装、底盘改装等一系列改装后的匹配改装；由于汽车经过改装后，动力大增，轿车蜕变为赛车，因此有必要安装桶式赛车座椅、赛车变速杆头以及各式各样的仪表等。

### (2) 动力改装

1) 简单改装。改装大流量风格、加装二次进气系统，能使车子的进气更流畅；而加装地线、改用专业的火花塞和火线能让发动机的点火更加稳定。发动机上的空气过滤器是为了过滤发动机运转所需要的空气，在汽油发动机上都有此装置。在汽车改装爱好者看来，原车所安装的空气过滤器似有进气量不足之嫌，所以他们有改装进气系统（俗称冬菇头）的惯例。

2) 中度改装。中度改装一般是指改排气系统。一些车迷喜欢自己去掉消音器加装直通尾喉，虽然能让汽车"轰轰"作响，让人激动不已，但对于车子动力的提高并不大。实际上，内行的改车者会找专业的店家设计改装整套排气机构，头段、中段、尾喉全部进行改装才能达到最佳效果。

3) 深度改装。深度改装不但需要投入大量资金，改装的难度和风险也比较大。对于发动机机械结构方面的深度改装包括加大发动机缸径与行程、气缸内部抛光、节气门抛光、更换锻造的活塞与连杆等；而对于电子方面，则可能改装行车电脑，加装各种电子辅助装置。极端的动力改装是为车子加装涡轮增压系统，这需要耗资数万元甚至几十万元，并对全车动"大手术"，能让车子的动力性有质的飞跃。这种手术需要极为专业的改装专家才能进行。

### (3) 操控性改装

1) 轮胎。改轮胎是最简单有效的方式，轮胎的改装不外乎加宽、降低扁平比以及胎质的改变。成功的轮胎改装可以明显地提高车辆的抓地性、操控性和路感，并能提高车身的稳定性、降低侧倾。

2) 悬架。原厂设计的悬架系统标准是以大众消费者能接受为目标，悬架系统的改装大致可分为换装减振器，强化悬架结构杆，加装平衡杆等。

3) 制动片系统。提升制动性能最快最直接的方法就是换上高性能的制动片，或者换用高等级制动片油、换装金属材质的高压制动片油管。更完善的制动片改装则是换装更大的制动盘，改用专业的运动制动卡钳等，以提高制动踏板的辅助推力。

4) 提高车架刚度。提高车架刚度可以减少激烈动作时车身的结构变形，从而提高车的操控性和安全性，提高车架刚度包括强化车架部分结构，加装前后防倾杆（俗称"顶巴""底巴"）等。提高车架刚度对于保障安全和健康驾驶非常重要。

## 二、汽车改装的相关规定与法规

### 1. 汽车改装的相关规定

(1) 总体规定　目前，我国改装汽车一般有两种情况：一是指专门生产改装汽车的厂家，用国家鉴定合格的发动机、底盘或总成，重新设计、改装与原车型不同的汽车；二是已领有牌照的汽车，为了某种使用目的，在原车总成的基础上，作一些技术改造。改装出来的汽车，统称为改装车。已领牌照的汽车进行改装时，应向车管所登记申报，其改装技术报告经车管所审查同意后，方可进行改装。改装完毕，还要到车管所办理改装变更手续。改变车辆的外观要去车辆管理部门申请，及时变更行驶证。外观改装需符合相关法规。动力不可随便改装。汽车改装是有一定限制的，随意改装很可能通不过年检，所以改装汽车一定要在符合相关法规的前提下进行。当前，交管部门对汽车改装的限制要求依然比较严格，汽车排量等涉及汽车技术参数部分绝对不能私自改装。法律法规对改装汽车作出了限制：汽车的型号、发动机型号、车架号不能改，不能破坏车身结构；汽车改变颜色，更换发动机、车身或者车架的，必须交付到有关部门进行检验，更换发动机、车身或者车架的还要提交机动车安全技术检验合格证明；车贴面积不能超过车身总面积的30%，超过了就必须去相关部门报批；车的外观不能大幅改动，要求与行驶证上的照片基本保持一致。具体的要求如下：

1) 可以对车身颜色、发动机、燃料种类、车架号码等进行改装，但有三种颜色属于特种车专用颜色，不能使用。红色为消防专用，黄色为工程抢险专用，上白下蓝为国家行政执法专用。而对车身、车架、发动机的变更，要在已经损坏无法修复或者存在质量问题的前提下才能够进行。申请变更时，须同时出具修理厂的证明及更换发动机、车身或者车架的来历凭证。

2) 更换前保险杠属于改变汽车外形，经过审批后是可行的，但对升高底盘等提升汽车越野性能的改装是不允许的。年审中一旦发现违规改装，则必须恢复原状。

3) 加宽轮胎、进气系统、排气系统等改装是不允许的。根据公安部《机动车登记办法》有关规定，在用汽车轮胎规格、改装进气系统、排气系统都不是国家允许的变更项目。如在用汽车进行上述改装，可能会改变发动机功率，影响到行车安全，对进行非法改装的机动车所有人，将依法处以500~1000元的罚款并责令其恢复原状。

4) 申请变更所需要提交的材料及手续：填写《机动车变更登记申请表》，然后提交机动车所有人及驾驶人身份证明和《机动车登记证书》《机动车行驶证》、申请办理变更登记机动车的标准照片。

(2) 内饰装饰方面的相关原则　内饰装饰方面应遵循以下原则：

1) 协调：饰品颜色必须和汽车的颜色相协调，不可盲目追求高品位、高价位，以免弄巧成拙，比如浅色车的内部配以深色的座椅套及红色的地毯等。

2) 实用：根据车内空间的大小，尽可能地选用一些能充分体现车主个性的、美观实用的饰物，如茶杯架、香水瓶、储物盒等。

3) 整洁：车内饰品应做到干净、卫生、摆放有序，给人一种轻松、舒适的感觉。

4) 安全：车内饰品绝不能有碍驾驶人的安全行车或乘员的安全，如车内顶部吊物不宜过长、过大、过重，后风窗玻璃上的饰物不要影响倒车视线等。

5) 舒适：车内饰品的色彩和质感要符合车主的审美观，香水要清新，不宜太浓等。

(3) 外观方面的相关规定　《机动车登记规定》中关于汽车外观等变更的有关规定如下：

1) 第十条——已注册登记的机动车有下列情形之一的，机动车所有人应当向登记地车辆管理所申请变更登记：改变车身颜色的，更换发动机的，更换车身或者车架的。

2) 第十五条——有下列情形之一的，不予办理变更登记：改变机动车的品牌、型号和发动机型号的（但经国务院机动车产品主管部门许可选装的发动机除外）；改变已登记的机动车外形和有关技术数据的（但法律、法规和国家强制性标准另有规定的除外）；

3) 第十六条——有下列情形之一，在不影响安全和识别号牌的情况下，机动车所有人不需要办理变更登记：小型、微型载客汽车加装前后防撞装置，货运机动车加装防风罩、散热器、工具箱、备胎架等，增加机动车车内装饰。

4) 第四十七条——有下列情形之一的，由公安机关交通管理部门处以警告或者二百元以下罚款：重型、中型载货汽车及其挂车的车身或者车厢后部未按照规定喷涂放大的号牌或者放大的号牌不清晰的；机动车喷涂、粘贴标识或者车身广告，影响安全驾驶的；载货汽车、挂车未按照规定安装侧面及后下部防护装置、粘贴车身反光标识的；机动车未按照规定期限进行安全技术检验的；改变车身颜色、更换发动机、车身或者车架，未按照本规定第十条规定的时限办理变更登记的。

**2. 改装车的手续**

变更车辆要申报。在交通法里，改装和变更是两个概念。汽车圈里通常说的改装在交通法里的表述是车辆变更。

(1) 关于申请变更车身颜色、更换车身或者车架　如果要申请改变机动车车身颜色、更换车身或者车架，车主可到车管所填写《机动车变更登记申请表》，提交法定证明、凭证。法定证明和凭证包括：变更前和变更后机动车所有人的身份证明；机动车登记证书；行驶证；共同所有的公证证明，但属于夫妻双方共同所有的，可提供《居民户口簿》。车管所将在受理之日起一日内做出准予或者不予变更的决定。对于同意变更的，车主应当在变更后十天内向车管所交验车辆。车管所在受理之日起一日内确认机动车，收回原行驶证，重新核发行驶证。属于更换车身或者车架的，还应当核对车辆识别代号（车架号码）的拓印膜，收存车身或者车架的来历凭证。

(2) 关于更换发动机　更换了发动机的车主应该在变更后十天内向车管所申请变更登记，填写《机动车变更登记申请表》，提交法定证明、凭证，并交验机动车。车管所应在受理之日起一日内确认机动车，收回原行驶证，重新核发行驶证，收存发动机的来历凭证。

**3. 改装车年检的办理**

汽车改装要在国家规定的范围内改装，要按照要求到车管所进行变更登记和核发新的行驶证，这样才能够顺利通过年检。

新的《道路交通安全法》明确规定，任何单位或者个人不得拼装机动车或者擅自改变机动车已登记的结构、构造或者特征。车辆的结构包括车身颜色、长、宽、高四个硬性的标准和发动机的相关技术参数。

已领牌照的汽车进行改装前，应向车管所登记申报，其改装技术报告经车管所审查同意后，方可进行改装。改装完毕，还要到车管所办理改装变更手续。新规定则明确指出，汽车的变更内容可涉及改变车身颜色、更换发动机、更换车身或者车架。车主可以在变更后10日内直接去车管所办理变更登记。车管所在受理当日为车主办理相关手续，包括在机动车登记证书上签注变更事项，收回行驶证，核发新行驶证等。

### 三、汽车改装文化与发展现状

**1. 汽车改装文化**

汽车改装文化源于赛车运动（如图1-1所示的WRC大众车队改装赛车）。最早的汽车改装只针对于提高赛车的性能，以便在比赛中取得好成绩。赛车改装是让车子发挥极限或超出原车能力范围进行的改装，以车辆的寿命、油耗、舒适性为代价，追求速度极限。随着汽车工业的发展以及赛车运动的深入人心，汽车改装也成为普通车迷生活中不可或缺的组成部分，并渐渐成为一种时尚潮流。

真正的改装是围绕着"提高汽车的性能、操控等内在技术指标"这个核心而进行的。现在，世界各大著名汽车厂商相继推出了它们的专业改装厂和改装品牌，如欧洲著名轿车改装公司有专门为奔驰改装的AMG、BRABUS，为宝马改装的ACSCHNITZER，为大众公司旗下的大众汽车和奥迪汽车改装的ABT；日系车的专业改装公司也有很多，为丰田改装的TOM'S和TRD，为本田改装的MUGEN、HRC，为日产改装的NISMO（如图1-2所示的日产GTR改装车），为富士改装的STI（如图1-3所示的斯巴鲁翼豹STI改装车）和

图1-1　WRC大众车队改装赛车

TEIN，为三菱改装的 RALLLART 等。

图 1-2　日产 GTR 改装车

图 1-3　斯巴鲁翼豹 STI 改装车

各国每年都有专门的改装车和相关零部件的展览会，规模毫不逊色于正规的原型车展示会。全世界规模最大、名气最响的改装车展分别是美国的 SEMA SHOW 和日本的东京改装车展（如图 1-4 所示的丰田锐志改装车）。美国是全球最大的汽车消费市场，在拉斯维加斯举办的 SEMA SHOW 首创于 1963 年。经过 30 多年的发展和完善，汽车改装不仅在美国取得了合法地位，而且成员单位也逐渐增多，现拥有 3400 多家成员单位。作为亚洲汽车改装技术的发达国家，日本拥有最先进的机械及计算机技术，改装后的汽车具有相当高的实用性和可靠性，某种意义上达到了汽车制造行业的水平。在德国的埃森每年也会举行一次盛大的国际汽车改装车展。

图 1-4　丰田锐志改装车

**2. 国内外汽车改装发展现状与趋势**

中国汽车改装市场始于 2005 年左右，经过十几年的发展，从小众逐渐走向大众，从单一发展成多元，越来越受到大众的认可与青睐。中国产业调研网发布的 2015～2020 年中国汽车改装市场调查研究及发展趋势分析报告认为，汽车改装在国外已形成产业化，属于汽车产业重要链条之一。世界各大著名汽车厂商都拥有专业改装厂和改装品牌，国外对汽车改装也都有明确的细则与标准。在全球很多国家，只要具备改装条件，就可申请注册汽车改装工厂，有了营业执照，就可以按批准项目合法进行汽车改装。有数据显示，目前发达国家私人汽车的改装率已达到 80%。汽车厂商一有新车下线，便会随之产生一系列改装方法和相应配件。与之相比，尽管中国汽车改装需求规模在激增、投资规模递增幅度超过 20%、市场规模达 100 亿元量级、市场新入资本 30 亿元以上，但目前改装车总比例还不到汽车保有量的 3%。中国汽车改装市场的发展阶段较低，国外汽车运动中的改装服务已成为汽车工业技术创新的发展平台（如图 1-5 所示的 BBS 轮圈、图 1-6 所示的布雷博制动盘）。

在欧美各国及日本，改装车市场的发展一直伴随着汽车产业发展，无论是法律制度，还是改装车技术水平、人才素质，都已发展至成熟阶段。

**3. 汽车改装的禁忌与误区、注意事项**

汽车改装近年来在国内刚刚起步，正处于发展阶段。许多车主为了追求个性而改装车辆，但由于缺乏相关知识，容易走入以下禁忌与误区。

1）改大排气。降低了排气回压，低扭会下降，发动机排气门将会因为超高温度而被烧毁。

2）装"蘑菇头"。降低了入气惯性，低扭会下降，油耗升高，低速无力。

3）加平衡杆、横拉杆。局部振动更剧烈，会永久性破坏车体。

图1-5　BBS 轮圈

图1-6　布雷博制动盘

4）改装音响、加低音炮。这样必定要拆内饰件，会导致车内程度不同的损害，车内部件拆一次异响会多几倍。低音炮夸张的音量会不知不觉中损害车主听觉，大功率音响经常使得电路超负荷工作，容易烧毁开关，引起火灾。

5）改大轮胎。起步无力，加速变慢，转向盘活动机构磨损加速。

6）车内门板等隔音。隔音只能是车辆生产过程才能完成的事，不能再乱动。而且消音原理复杂，不是贴了就有效果，这是个声学均衡抵消的问题。往往是隔了门板就会听出发动机声更明显，隔了发动机声又会导致车内异响听起来更杂乱。

7）改前照灯。加改装后的前照灯，其功率会直接超过原设计的耐温值，不久就会熔化烧毁灯碗反光层，灯光会越来越暗淡。现在的前照灯透明罩都是合成材料，超过温度就会变黄，并慢慢产生一条条的小裂纹，灯泡电流大了更会慢慢烧掉前照灯开关线路，引起火灾。换白光高压气灯根本看不清夜间物体，中级别轿车一个前照灯价值上万元，千万不要去乱改。

8）大包围。超级跑车式的离地间隙只有在超级公路才能行使，大多数非原厂大包围，不但显得不伦不类，还会对驾驶人的生命安全产生极大的危害。

9）碳纤维发动机盖。这是最可怕的改装，原厂的盖碰撞的时候可以阶段变形弯曲起来，而改装件会直接插进玻璃。

10）换赛车转向盘。因为此类转向盘无安全气囊，具有较大的行车安全隐患。

11）加装刮水片。驾驶视线关系到安全，加了刮水片会使得盲区变大。

12）换电脑芯片。一般只是解除了电子限速保护，只是功率提升，绝不能使得扭矩也得到提高。

13）换白金火花塞。装上任何新的火花塞车辆的动力肯定都有所改善，这是因为没被污染的新火花塞的绝缘良好。几百元一个的白金和原厂几十元一个的火花塞没有太大的区别，因为绝缘体都一样会被气缸内的各种化学反应产生的导电物质污染而漏电。

14）配件越贵越好。一些人在进行改装时一味求贵，认为"便宜无好货"。其实，配件应该根据车辆自身的实际情况来选择。

15）一味追求视觉效果。有的车主为了爱车好看而盲目加装尾翼、大口径排气管等。这样对于小排量车而言没有太大意义。有的车主拆掉保险杠，换上装饰用的配件。而一旦发生碰撞，缺少保险杠的保护，人和车辆都有可能受到严重伤害。

### 4. 汽车改装与拼装车的区别

汽车改装位于汽车后市场，属于消费范畴，是对生活质量的优化行为，改装后的产品属于消费品。而拼装汽车是指使用报废汽车的发动机、万向传动装置、变速器、前后桥、车架以及其他零配件组装的机动车，是指违反国家关于生产汽车方面的有关规定，私自拼凑零部件装配的汽车。

拼装的汽车一般都存在质量差、成本高、大多不符合安全检验以及运行技术标准的问题，有的还可能因装配技术问题造成事故。因此，拼装汽车是国家禁止的一种非法生产汽车的行为。

**5. 汽车改装配件的鉴别**

汽车改装配件大多数是正品（俗称"行货"），若改装内容涉及汽车性能的升级，则选用正品配件比较好。如果在一些小配件商店购买散件，则配件质量参差不齐，要防止"水货"及假冒伪劣配件。掌握一些鉴别优劣汽车配件产品的知识，对改装汽车的人来说就十分必要。改装配件的鉴别方法如下。

1）看注册：正规的产品在网上能够注册，输入产品上的条形码等信息，就可得到厂家的认可，而假冒产品是不能网上注册的。

2）看证件：重要的改装部件，特别是总成类，如电动油泵、起动机、分电器、发电机等，一般带有合格证和说明书，指导用户正确安装，若无合格证和说明书则为假冒伪劣产品。

3）看规格：选购汽车改装配件时，要看主要技术参数是否符合使用要求。有的假冒伪劣产品外观与真货相差无几，但装上去就是不太合适，使用起来总是不太满意，并给行车安全带来隐患。

4）看颜色：原厂（正品）配件表面会指定某种颜色，若出现其他颜色则为假冒伪劣配件。

5）看包装：原厂（正品）配件包装规范，均有统一标准规格，字迹清晰；假冒产品包装印刷则比较粗劣。

6）看外表：原厂（正品）配件外表印字、铸字及标记清晰正规，假冒产品则外观粗糙。

7）看质地：原厂（正品）配件的材料是按设计要求采用优质的材料，假冒产品则多是采用廉价低劣的材料。

8）看标识：正品配件标有某些记号（正时齿轮、活塞顶部等装配标记）、用来保证配件正确安装，没有标记的配件则为假冒产品、不能购买。

9）看油漆：不法商人将报废配件经简单加工（拆、装、拼、凑、刷漆）处理，再冒充合格产品出售。这样制作出来的配件，外表喷漆粗劣。

10）看工艺：伪劣产品由于制作工艺差，容易出现裂纹、砂孔、夹渣和毛刺等。

11）看缺漏：正规的总成部件必须齐全完好，才能保证顺利装车和正常运行，一些总成上的个别小零件漏装，一般是伪劣产品，这会给装车造成困难，严重的会因缺个别小配件而造成整个总成部件的报废。

12）看价格：原厂与副厂、行货与水货、正品与仿冒，在价格上有明显的差距。副厂指的是一些规模小的企业，它生产的产品质量一般比较低，工艺比较粗糙，但是价格也低。

13）看防护层：为了方便保管，防止零件磕碰，零件出厂之前都有防护层。如大小轴瓦、活塞、气门等一般都用石蜡保护，以免部件损坏、重要的配件，表面若无所护层，多为假冒产品。

14）看其他：汽车配件出现干裂、氧化、变色或老化等问题，可能是存放环境差、储存时间长、材料本身差等原因造成的。如果发生离合器片柳钉松脱、电器零件接头脱焊、纸质滤芯接缝处脱开等现象，则也不能购买。

**6. 专用汽车改装与民用汽车改装的区别**

专用汽车改装是从生产方式出发，在通用性载货汽车底盘的基础上，做相应必要的改动后，在加装上装部分（如罐体、货厢等），从而改装出具有专用功能的汽车

民用汽车改装一般有两种：一是指专门生产改装汽车的厂家，用国家鉴定合格的发动机、底盘或总成，重新设计、改装与原车型不同的汽车；二是已领有牌照的汽车，为了某种使用目的，在原车总成的基础上，做一些技术改造。改装出来的汽车，统称改装车。

注意：已领牌照的汽车进行改装时，应向车管所登记申报，其改装技术报告经车管所审查同意后，方可进行改装。改装完毕，还要到车管所办理改装变更手续；改变车辆的外观要去车辆管

理部门申请，及时变更行驶证，这样改装车辆才能合法行驶。

**7. 汽车改装方案制定**

现在广泛流行的改装都更注重车辆的安全性和整体配合性能的提升，兼顾正常行驶的要素指标，更关注驾驶人的普遍需求，更强调整车的实用性。对于大多数驾驶人来说，一辆油耗低、整车性能好、安全系数高的汽车无疑是最理想的座驾，而这也正是汽车改装的最终目的。

汽车改装方案主要包括以下内容。

1) 发动机室内工程：发动机减振工程和发动机隔音工程。
2) 底盘工程：护板内空洞填充、振动喷涂程序、隔音工程和防水工程。
3) 车箱仪表：静音填充、减振工程和隔音工程。
4) 车底板：静音填充、减振工程和隔音工程。

**8. 汽车改装费用**

汽车改装是一个非常专业的领域，一是项目繁多，二是价格不透明，贸然进入很可能会多花冤枉钱。不过，如果事先对这个行业进行充分的了解，还是能达到事半功倍的效果。

1) 车漆、拉花、贴纸：普通车漆全车在 2000 元起，亚光漆各地价格可能会不同。改装车最多的共同点就是拉花、贴纸，花钱不多但是能收到意想不到的效果。而且贴纸很多都是通用的，买起来也方便，贴纸都是可以根据车主的要求个性定制的，周期为 1~2 天。价格从简单灯眉的 10 元到整车的 200 元、300 元不等。主要看要贴多少东西，不过点睛之笔最好，别贴太多就显得不漂亮了。

2) 车身装饰件：在汽车精品店会有各种各样的汽车装饰件出售，选择一些装在车上，如金属装饰片、排气管罩、灯眉之类，可以让爱车醒目很多。不过加装车外装饰的原则是不能多和杂，画龙点睛即可。

3) 进气系统：最省钱的进气改装就是更换大流量的空气滤清器，可使车辆进气更顺畅，对提升动力有所帮助，开销不大，最低费用为 200 元左右。

4) 点火系统改装：更换高性能的火花塞是点火系统升级最为直接的方法。更换铂金等贵金属火花塞，点火会更加稳定，对动力性有所提升。最低费用在 300 元左右，贵则千元左右。

5) 制动系统：高档的制动系统改装开销很大，一般也要上万元。其实提升制动性能也有省钱的办法，比如更换质量更好的制动片，费用为几百元，制动性能提升很明显。

6) 车轮：轮毂改装里面有很多的学问，轮毂尺寸越小价格越便宜，普通颜色比电镀的要便宜。14in 的铝合金改装轮毂 200 多元起一般不超过 600 元，15in 的一般是 350 元起，16in 400 元起，17in 500 元起。

7) 空气动力套件，也就是包围，包围有大包围和小包围之分。材质上也有不同，有 PU 的、玻璃钢的等。小包围的价格要便宜很多的，一套四件套的最便宜的可能就 300~400 元，但是贵的也要上千元。大包围就比小包围要贵，而且大包围安装通常情况都要把原车的前后杠卸掉，而后装上新的大包围。大包围便宜的 700~800 元，但是贵一些的 3000~4000 元。

8) 车内装饰：车内装饰改装包括赛车座椅、赛车转向盘、各种仪表、软包、隔音、中控、灯光等。座椅从 500 元起，转向盘从 150 元左右起，仪表在 100 元左右一个等。

**9. 汽车改装市场存在的问题及分析**

我国的汽车改装还处于起步阶段，是一个新兴产业。由于汽车改装不同于普通的服务行业，它涉及工商管理、交通管理、车辆管理、标准管理、保险、环保、产品质量监督等诸多问题。综合起来看，我国目前的汽车改装市场主要存在以下问题：

1) 由于国内相关政策法规对汽车改装有严格的限制，同时又缺乏细节性的标准，因此国内汽车改装行业的合法性受到质疑，很多实际上带有"半地下"的色彩。

## 项目一　汽车改装技术概述

2）由于汽车是技术含量非常高的产品，所以对汽车改装技术的要求很高，对从事汽车改装的企业的要求也很高，改装企业需要具有相应的资质。可是，在我国，目前除了服务于汽车赛事的专业改装机构得到汽车运动联合会的认证许可以外，其他许多从事民用汽车改装业务的厂家原来都是汽车装饰或维修企业，他们一般都没有汽车改装许可证，不具备汽车改装的资质。

3）改装企业从业人员的素质参差不齐，其中的大部分上岗之前没有进行岗前培训，没有相应的执业资格，致使改装质量得不到保证。

4）汽车改装企业所使用的改装配件及改装技术、设备大多来源于国外，在国内并没有相关的改装操作规范、产品认证标准、匹配及服务标准。许多进口配件与国产汽车不相匹配，使得一些进口配件必须在改动之后才能安装到国产汽车上，严重影响了进口原装配件的性能。同时，配件的质量也良莠不齐，给改装车辆带来安全隐患。

5）改装后的车辆没有相应的评价验收标准，在出现服务问题时，消费者与商家往往会陷入纠纷之中，难以确定责任，致使一些问题不能得到合理解决。

6）有些车主不了解道路交通安全法对车辆管理的规定，盲目对车辆外观、性能等方面进行改装，造成许多安全隐患，致使车辆不能通过年度检验。

7）在国外，许多厂商在新车发布后，都会针对相应的车型提供相当多的改装配件，以及为车主提供比较明晰的改装指导，甚至还有专门改装自己汽车的改装公司。可目前在国内，很多新车上市后，厂商并没有提供相应的改装配件及指导。

虽然国内的汽车改装与发达国家相比，改装技术尚显不足，相关的法律法规等各项规章制度还不健全，但可以预见的是，随着国内私家车保有量的增多，汽车个性化的改装潮流必然会持续升温。随着国家主管部门的重视，及其对市场正确地引导及有效规范，并出台相关政策法规做保证，再加上消费者对汽车改装认识的提高，我国汽车改装行业一定会在符合法律与规定的前提下健康有序地发展。那时，我国的汽车改装行业将成为国民经济的又一个增长点。

### 四、汽车改装的品牌及特点

#### 1. 美国改装品牌及特点

世界上改装车最多的是美国，改装车市场最火的也是美国。在美国，私家车的改装率超过50%，汽车改装在美国不仅取得合法地位，而且 SEMA（Specialty Equipment Market Asseeiation）组织已壮大成为拥有3400多家会员的法人团体。美国每年都会不定期举行改装车展览，每次盛会都能吸引世界各地的改装车迷前来参观。基于特有的汽车文化、法律规范及交通情况，美国的改装车多为车辆外观和部件的改装，比较追求外观夸张与豪华的视觉冲击，例如车身加长等。美国还有专门的汽车定制工厂，可以为每一位顾客专门制造汽车。按顾客要求定制，使汽车的独有性、个性化达到极致。

（1）泰卡特（Techart）　Techart，又名Tech8，是一家创办于1986年的独立改装公司（图1-7）。同时，它也是一家专注改装保时捷汽车的品牌。Techart原本是一家个性化定制的改装公司，后来经过30多年的发展，逐渐有了自己的机械设计团队，便开始进行整车研发。

图1-7　泰卡特改装公司的标志

到了1995年，Techart获得了对车辆进行独立编制车架号的认证（也就是我们国内所说的汽车生产资质）后，开始正式对外宣称自己是一个汽车品牌。

（2）科瑞斯的（KRYSTAL） KRYSTAL公司坐落于美国加利福尼亚玻瑞亚市（图1-8），是全球最大的礼宾车制造厂，全美第一家完成汽车碰撞测试并获得认证的礼宾车制造厂。KRYSTAL中文意为水晶，象征着产品完美的品质和公司执着的追求。自公司成立以来，KRYSTAL公司按照汽车制造业的国际标准进行设计，个性化高附加值的客户服务是公司的核心竞争力，为客户创造安全舒适的驾驶乘坐空间是公司的使命。

图1-8 科瑞斯的改装公司的标志

（3）星客特 星客特成立于1999年，是美国STAR集团在中国境内成立的子公司（图1-9）。获美国STARCUSTOMINDUSTRY, INC公司授权，在中国境内是5家加长豪华礼宾车、豪华礼宾巴士、多功能休闲旅游车等系列豪华汽车的总代理商，是超级豪华车的改装代表。

图1-9 星客特改装公司的标志

## 2. 日本改装特点及品牌

日本人改装汽车的疯狂在很大程度上受美国影响，并且创办有专门的改装车杂志。作为亚洲汽车改装业的先锋，日本在汽车改装的技术性、可靠性和实用性方面都达到了很高水平，在改装车方面也有很多经典作品，特别是他们的改装车厂，在技术力量和资金积累方面都有不俗的实力。例如FABULOUS车厂就来自日本，是少数几家更改式样外观套件的改装厂之一，其改装主要集中在外观、轮辋、排气系统、内饰等方面，而涉足的车型也非常广泛，除了日本国内的数家车厂外，还包括奔驰、宝马和法拉利等。

（1）Mugen（本田） Mugen（图1-10）是本田汽车创办人本田宗一郎长子本田博俊在1973年所创立的一家独立改装公司。Mugen对本田汽车性能的执着却是十分明确的，可以说Mugen就标志着本田高的性能。2003年，Mugen创办人本田博俊因税务丑闻被指控，Mugen公司也因此申请破产，但不久则进行了重组，目前Mugen所有的专利和技术由新公司M-Tec管理。

图1-10 无限汽车改装公司的标志

（2）Nismo（日产） Nismo实际上不能算是一个御用改装品牌（图1-11），因为它是日产公司内部的组织结构演变而成的一个高性能部门。在Nismo部门成立之前，日产公司其实有两个专门负责高性能的部门，后来在1984年这两部门进行合并了，组成了一个新的高性能部门，这个部门就是现在的Nismo。

Nismo从正式成立以来，一直担当着日产汽车在赛事运动方面的事务，专门研发赛车和性能车，其中战神GTR就是Nismo一手打造

图1-11 Nismo改装公司的标志

的传奇汽车。

(3) STi（斯巴鲁） STi 这个名称其实是 Subaru Tecnia International 的缩写（图 1-12），STi 是斯巴鲁汽车直属的一个高性能赛车部门，一直为斯巴鲁在汽车拉力赛事业作出了巨大的贡献。除了赛事外，STi 还参与了提升斯巴鲁乘用车性能的项目，其中最让大家所熟悉的莫过于翼豹 STi 了。

(4) TRD TRD 的全称是 Toyota Racing Development，是丰田汽车的御用改装厂（图 1-13），为丰田车队的赛车提供更好的性能支持。TRD 将赛车活动中取得的技术反馈、运用到市售车所用零部件中，为使驾驶更加充满乐趣而不断开发和推出满足道路行驶车辆安全标准的零部件（譬如悬架、消声器、空气整流罩等）。同时，TRD 还经销自有品牌的服装、小商品之类，并根据驾驶状态从整体上进行轻灵搭配。

图 1-12　STi 改装标志

图 1-13　TRD 改装公司的标志

**3. 德国改装特点及品牌**

在德国，人们喜欢的奔驰绝大多数是来自于改装车厂的产品。奔驰改装车在原来的基础上，进一步强化豪华配置，赋予奔驰汽车更高的速度。专改奔驰的德国 BRABUS（巴博斯）车厂，他们的产品除了传递给车主豪华的感觉外，更有一种豪放的气势。奔驰车给人更多的感觉是疯狂，它在保留原车乘坐舒适性的同时，更多的是追求速度的极致，力求给驾驶人带来非同一般的驾驶感觉。

图 1-14　AMG 改装公司的标志

(1) AMG（奔驰） AMG（图 1-14），创立于 1967 年，名称是取自创始人 Hans Werner Aufrecht、Erhard Melcher 和当时 AMG 公司所在地 Grossaspach 的首位字母作为组合而成。AMG 当时是以调校奔驰发动机而闻名的，积累很多用户和口碑。后来 AMG 被奔驰公司相中，在 1988 年与它建立了合作关系，并在 1993 年正式推出首款车型-C63 AMG。直到 1999 年，奔驰公司开始正式全面收购 AMG，从此 AMG 就成了奔驰的一个高性能部门。

(2) Alpina（宝马） Alpina（图 1-15）成立于 1965 年，那时候的 Alpina 并非一家汽车改装公

司，而是一家电子公司。Alpina 改装公司最开始是做化油器开发和气缸盖订制的，到了 1970 年，Alpina 开始与宝马进行合作，并帮助宝马获得欧洲锦标赛、德国 Hillclimb 锦标赛、拉力赛和斯帕 24 小时耐力赛冠军。当时宝马就同意与 Alpina 一起共同打造高性能的宝马汽车。

图 1-15　Alpina 改装公司的标志

(3) ABT Sportsline（奥迪）　ABT Sportsline（如图 1-16 所示），最早是在 1960 年创立的，当时叫 ABT Tunning。后来 ABT Tunning 被继承到了 Johann Abt 手里，并改名为 ABT Sportsline，开始从事汽车改装事业。ABT 基本只改装大众和奥迪汽车，业务包括动力调校、外观套件、悬架和排气等。由于 Johann Abt 对改装品质的无比追求和执着，ABT 很快地就从大众汽车众多的改装合作品牌中脱颖而出，成了大众汽车最强大的御用改装品牌。

图 1-16　ABT Sportsline 改装公司的标准

(4) 巴博斯（Brabus）　Brabus（图 1-17），创办于 1977 年，是目前世界上最大、最著名的独立改装品牌。同 AMG 一样，Brabus 从创办开始就一直专注改装奔驰汽车。而且值得一提的是，目前世界上最快的轿车、最快的四门轿跑、最快的旅行车和最快的 SUV，均出自 Brabus。作为一家追求"最顶端体验"的改装品

图 1-17　巴博斯改装公司的标志

牌，Brabus 的改装不单单只是针对动力性能的提升，在外观、内饰和悬架等方面也是不惜成本，力求打造成最奢华的座驾，所以 Brabus 改装的车型售价一般都为原厂的两到三倍。

(5) 哈曼（Hamann）　Hamann（图 1-18）成立于 1986 年，创始人是德国著名的赛车手 Richard. Hamann。Hamann 刚开始是一家赛车公司，创始人 Richard. Hamann 利用自己在赛场上的经验和技术针对一些赛车进行调校改装。后来公司业务逐渐向外扩展，改装车型开始涉及各种品牌，包括奔驰、宝马、法拉利、兰博基尼、路虎等。改装项目也从原来的动力系统增加到更换动力、制动、排气、外观、内饰等整车升级方案。

图 1-18　哈曼改装公司的标志

### 4. 中国改装特点及品牌

汽车改装目前在中国还属于新兴事物，但是发展迅速。在国内一线城市，已经出现相当规模的改装车展，如 CAS 上海改装车展，作为国内最专业的汽车改装车展之一，已经成功举办三届。改装展会的出现对国内改装文化传播，行业内人士交流学习，提供了非常好的平台。同时，各地的赛事活动也逐步增多，以车主作为第一体验者的汽车比赛传播了更广范围的汽车改装知识。各大汽车改装品牌商通过丰富多彩的试乘试驾活动，有力引导大众了解汽车改装、体验汽车改装文化的魅力。

## 项目一　汽车改装技术概述

**5. 汽车各系统专项改装品牌**

（1）**Brembo（布雷博）——顶级制动器厂家**　Brembo（布雷博）公司是一家意大利从事高性能制动学习系统和部件的工程设计、开发和制造的厂商。1975 年，法拉利开始在它的 Fl 赛车上装备 Brembo 的制动系统，之后阿斯顿·马丁、雪佛兰、玛莎拉蒂和保时捷都开始装备 Brembo 制动系统。Brembo 公司致力于提升系统的性能，因此它在研发中投入很大。拥有超过 390 位工程师从事研发领域的工作，并不断寻找更有创新精神的解决方案。

（2）**TEIN——专业减振器厂家**　TEIN 对于高性能悬架系统开发全面积极，针对不同场合，车种都有推出对应款式，给予买家最多级别的选择。

（3）**FUJITSUBO——日本第一品牌排气管制造厂**　FUJITSUBO 自 1931 年创立至今，一直对旗下产品质量放在第一位，经由反复测试及努力不懈的精神以制造最高品质的产品。FUJITSUBO 将人、车、社会环境等因素全部融为一体来研究，进行开发并导入人工智能系统以制造最顶级排气管制品。而且坚持绝大部分生产过程中采用手工制作，所以 FUJITCUBO 的排气管与一件手工品没有分别。现在，FUJITSUBO 顺应时代法潮流的需求，竭尽所能地开发新产品。

（4）**ENKEI——日本最大的轮圈制造商**　ENKEI 是日本众多轮圈制造商中最先有锻造技术的厂家，同时 ENKEI 也是日本第一家能够生产一级方程式赛车轮圈的制造商，从 1986 年开始参与一级方程式比赛到现在，ENKEI 轮圈仍得到迈凯轮车队指定选用。另外，ENKEI 也有生产 WRC 世界汽车拉力锦标赛用的轮圈给三菱车队使用，现在他们除了是锻造技术专家外，也发展轮圈柱的中空技术，务求达到轮圈的高轻量及高刚性，很多著名的赛车队也乐于选用。

（5）**Exedy——日本最大的离合器制造商**　Exedy 除了一般街车用的离合器外，赛车用的离合器也是他们的强项，很多其他牌子的赛车离合器都是他们的产品。

简述汽车改装的市场分析：近年来，我国改装汽车市场逐步从小众走向大众，从单一发展成多元，越来越受到大众的认可与青睐。整车改装、改装贸易、配件生产、售后改装等多种产业模块经过多年的此消彼长，已日趋清晰。分车型、分用户、分区域特点的细分市场越来越多，各版块已形成独立的文化及消费基础。其间，改装的内涵及外延均得到了明显扩大，产业链不断拉长、加宽；市场接受度、参与度逐年增强，市场规模在迅速扩大。现今，全国从事改装汽车制造的企业数量已达上千家，包括主机厂（原厂小众定制）、贸易商（4S）、部件生产商、零售服务店、俱乐部、商务改装厂（再制造工厂）。

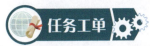

| 任务名称 | 汽车改装基础知识 | 学时 | | 班级 | |
|---|---|---|---|---|---|
| 学生姓名 | | 学生学号 | | 任务成绩 | |
| 实训设备 | | 实训场地 | | 日期 | |
| 任务描述 | 现有一位私家车的车主，他想把自己的爱车进行一番改装。但是不知道汽车改装相关的法律与法规，也不知道自己的爱车应该如何改装。你能介绍一下关于汽车改装的一些总体知识吗？ | | | | |
| 任务目的 | 以行动为导向，引导学生学习，按照法律法规来制订改装方案 | | | | |

一、资讯

汽车改装（Car modification）是指根据汽车车主需要，将汽车制造厂家生产的原形车进行外部造型、内部造型以及机械性能的改动，主要包括车身改装和动力改装两种。

（续）

二、请识别下图汽车改装品牌为那个汽车品牌的改装商，并将名称写在横线上。

| | |
|---|---|
| AMG<br>汽车品牌名称： | Alpina<br>汽车品牌名称： |
| ABT<br>汽车品牌名称： | BRABUS<br>汽车品牌名称： |
| nismo<br>汽车品牌名称： | MUGEN 無限 POWER<br>汽车品牌名称： |
| HAMANN<br>汽车品牌名称： | Racing Development TRD<br>汽车品牌名称： |

三、简答题
1. 专用汽车改装与民用汽车改装的区别。

2. 简述汽车改装的禁忌与误区。

四、检查
任务完成后，进行如下检查：
1. 检查仪器、工具、设备是否复位：_____。
2. 检查场地是否清洁：_____。
3. 检查任务工单是否填写完整：_____。

五、评估
1. 请根据自己任务完成的情况，对自己的工作进行自我评估，并提出改进意见。
1) _____

2) _____

2. 工单成绩（总分为自我评价、组长评价和教师评价得分值的平均值）

| 自 我 评 价 | 组 长 评 价 | 教 师 评 价 | 总　　分 |
|---|---|---|---|
| | | | |

# 项目二 汽车发动机系统改装

## 目标与要求

通过完成本项目，应达成以下目标及要求：
1. 了解汽车发动机改装的目的。
2. 掌握汽车发动机压缩比改装的方法。
3. 掌握曲柄连杆机构改装的基本知识。
4. 掌握配气机构改装的基本知识。
5. 掌握燃油供给系统改装的基本知识。
6. 了解进气与排气系统改装的基本知识。

## 任务一 发动机改装概述

### 任务导入

车主张先生三年前买了一辆马自达2.0L轿车，开了3年，随着路上新车越来越多，他感觉自己的爱车的动力明显有些力不从心，于是他想对该车的发动机进行改装。发动机的动力改装工艺是最复杂的，也是最有效果和价格最昂贵的改装项目。本任务介绍发动机改装的技术要求和注意事项。

### 知识准备

#### 一、汽车发动机改装的目的、技术要求和注意事项

**1. 汽车发动机改装的目的**

汽车动力性和燃油经济性的提升主要与发动机的技术改装有关。正如运动场或竞技场上的运动员要有健康的身体就先得有强健的心脏一样，汽车要有强劲的动力输出就得先有好的发动机。只有进行发动机的内部改装才能够最大限度地提升汽车的动力性能。

**2. 发动机改装的技术要求**

发动机内部组件的改装主要是利用轻量化、高强度的材料制成的高精度组件以减少内部动力的损耗，除了达到动力提升的目的，同时还要兼顾可靠性及平衡性的提升。高科技合金或复合材料的应用配合上精密加工技术，使得现代的高性能发动机不但单位容积所能产生的功率大幅提升，可靠性及燃油经济性也能同时得到改善。

**3. 发动机改装的注意事项**

在发动机内部组件改装时，除了必须特别注意材料的选择、制作精度及平衡度的要求外，更不能忽略各组件间的搭配。发动机的改装往往牵一发而动全身，单对某一部分进行改装通常会破坏发动机的平衡性，而且效果不明显。因此，在对发动机进行改装时，务必注意各配件的匹配，否则会因小失大，得不偿失。

发动机的改装对改装师技术水平的要求非常高。发动机是汽车的心脏，工作环境非常复杂的——既有超高温的燃烧室，又有运转速度非常高的精密机械结构，因此要求改装师对相关仪器设备有丰富的使用经验，并且拥有较高的理论水平。除了技术复杂性的原因外，由于发动机内部更换了一些高性能部件后，会使原厂设定的数据不能再用，而改装用品制造商提供的数据并不一定能与其他部件相配合。因此，在装配过程中要求改装师能自行计算、设定一些数据，否则稍有不慎便会导致爆燃等不良后果，甚至会导致气缸爆裂等严重损毁。因此，一定要确定改装师的技术水平后才可以进行改装。安装时的工艺也是一个重要因素，对于同一个改装套件，国外改装厂安装后能正常使用，但国内改装师安装后却常常不能达到预期的效果，这其中的差异就在于安装时的工艺。例如，连杆在安装时必须特别注意螺钉的锁法及紧度，锁螺钉时应该先充分地清洁并涂上一层薄机油，避免螺纹牙间产生异常的应力造成螺钉虽按照规定的力矩锁紧却无法达到应有的预紧度，以致发动机运转后会由于预紧度的不足而造成轴承严重受损。

## 二、发动机压缩比的改装

压缩比是气缸总容积与燃烧室容积的比值。改变压缩比可提高发动机的动力，但是改装过程必须要求严谨，因为压缩比会直接影响汽油的燃烧效率并且和点火正时的设定有密切的关联。

提高汽车发动机压缩比的方法主要是减小燃烧室容积，包括磨削气缸盖、在燃烧室内增加固定物、使用较薄的气缸垫、更换活塞等，使活塞头部与气缸盖围成的燃烧室容积减少，甚至可以增加连杆的长度或者增加曲轴的回转半径。压缩比的提高会对发动机的强度产生影响。适当地提高压缩比，采用高辛烷值的燃料，可提供发动机的性能。过多地改变压缩比，会产生爆燃现象，对发动机产生较大的伤害，发动机的寿命也会缩短。

(1) 磨削气缸盖 适当地磨削气缸盖，可以使原先不平整的气缸盖得以修平，气缸盖平面度的极限值是 0.20～0.30mm，曲轴回转半径的极限值是 0.3mm。因此，在通过磨削气缸盖来提高发动机的压缩比时，磨削的厚度不应超过两者的极限值 0.3mm。

(2) 在燃烧室内增加固定物 在燃烧室内增加固定物是提高压缩比比较简单的办法。通过在燃烧室内固定一个占一定体积的物体，减少燃烧室内气体的体积，提高压缩比。

(3) 更换较薄的气缸垫 气缸垫在燃烧室占有一定的容积，通过减薄气缸垫的厚度或换用薄的钢制气缸垫（图 2-1）可以使燃烧室的容积减小，相应可以使压缩比增加。

图 2-1 减薄的气缸垫

## 项目二 汽车发动机系统改装

**(4) 更换活塞** 更换活塞的主要目的是减小燃烧室的容积,可以提高活塞的强度,减轻活塞的重量及活塞和气缸之间的摩擦力,使活塞能抵御更大的燃烧压力,令其往复运动更顺畅,能偶尔承受长时间的高负荷运作。

现代的活塞设计主要有铸造和锻造两种,铸造比锻造更加简单便宜,但无法如锻造活塞承受较大的热度和压力。通常改装厂在设计锻造活塞时,都会同时利用改变活塞顶部的形状来达到提高压缩比的目的。

对高压缩比活塞来说,由于必须保留气门运动所需的空间,因此会在活塞顶部切出气门边缘形状的凹槽,如果没有这个凹槽,当活塞到达上止点时可能就会打到气门,因此改装了高压缩比活塞后对气门动作精确度的要求就必须非常严格。这凹槽的大小也必须配合凸轮轴及气门摇臂的改装而改变。

**(5) 更换连杆** 连杆的长度可以确定上、下止点之间的距离。如果增加连杆小头与大头之间的长度,就会改变上、下止点间的距离,使得燃烧室的容积变小,进而增大压缩比。高压缩比轻量化连杆比原厂连杆更细又不损失强度,加工工艺也更加细致,减少了运动部件的惯性,如图 2-2 所示。

图 2-2 高压缩比轻量化连杆

通过上述 5 种方法对发动机的压缩比进行改装时应注意的是,不论采取哪种方法,都应在小范围内变动。小范围变动的原因是发动机的设计都是经过核算的,当压缩比超过 12.5∶1 时对性能的提升效果就变得很小,而且伴随而来的气门和活塞相对距离不足、爆燃、预燃及其他伴随而来的问题会使故障变得很复杂。因此,在进行提高压缩比之前必须先知道气门的升程和凸轮轴所设定的气门开启时间、正确的进气门和排气门的尺寸以及燃烧室的形状及尺寸。此外,如果气缸头部曾经研磨过或是使用了薄的气缸垫片,其相关的数据也应一并考虑。发动机内部组件改装时,必须特别注意材料的选择、制作精度及平衡度的要求,更不能忽略各组件间的搭配,发动机的改装往往是牵一发而动全身,单对某一部分进行改装通常会破坏发动机的整体平衡性,而且效果不明显,因此如果考虑对发动机进行改装时,务必选择专业改装厂的产品,并尊重专业的搭配。

**任务实施**

| | 图片及介绍 |
|---|---|
| 原车 | 日产新GT-R 3.8T V6发动机,动力有小幅提升,最大功率419kW,最大转矩637N·m。 |

（续）

| | 图片及介绍 |
|---|---|
| 改装后 |  |
| 任务分析 | Prior Design 为日产 GTR 发动机改装了强化活塞和锻造曲轴以及发动机气缸套、凸轮轴、连杆、轴承等，将 GT-R 的 3.8T V6 双涡轮增压发动机的最大功率提升至 720 马力（1 马力 = 735.499W），峰值转矩增加到 850N·m |

| 任务名称 | 发动机改装概述 | 学时 | | 班级 | |
|---|---|---|---|---|---|
| 学生姓名 | | 学生学号 | | 任务成绩 | |
| 实训设备 | | 实训场地 | | 日期 | |
| 任务描述 | 小李是一位私家车的车主，他想把自己爱车的发动机进行一番改装。但是不知道如何改装可以增强发动机的压缩比，你能告诉小李关于汽车发动机改装的一些基本知识吗？ ||||||
| 任务目的 | 以行动为导向，引导学生制订发动机的改装方案。 ||||||

一、简答题
1. 简述发动机内部组件改装的目的。



2. 简述发动机压缩比的改装方法。



二、检查
实验完成后，进行如下检查：
1. 检查仪器、工具、设备是否复位：_____。
2. 检查场地是否清洁：_____。
3. 检查任务工单是否填写完整：_____。
三、评估
1. 请根据自己任务完成的情况，对自己的工作进行自我评估，并提出改进意见。
1) _____
_____

项目二 汽车发动机系统改装

（续）

2) _____

2. 工单成绩（总分为自我评价、组长评价和教师评价得分值的平均值）

| 自我评价 | 组长评价 | 教师评价 | 总　　分 |
| --- | --- | --- | --- |
|  |  |  |  |

## 任务二　曲柄连杆机构的改装

Nissan GTR R32 原装发动机最大功率仅有 280 马力，在改装过后其最大功率可达到 500 马力，但是发动机工作时容易爆缸。要想真正延长发动机的寿命，增加发动机转速的极限，就需要依赖发动机内部零件的强化，比如采用铝合金锻造的活塞和连杆。在几万磅的压力下冲压而成的金属材料，可以使铝合金分子更有效、紧密地排列，强度大幅提升，材料的延展性增强，非常适合改装后的发动机。

### 一、活塞的改装

活塞是汽车发动机的"心脏"，承受交变的机械负荷和热负荷，是发动机中工作条件最恶劣的关键零部件之一。活塞的作用是承受气体压力，并通过活塞销传给连杆驱使曲轴旋转，活塞顶部还是燃烧室的组成部分。活塞的材料是铝合金，其主要优点是质量轻，但却存在着膨胀率较大的问题，所以在活塞的设计制造时考虑其特性，将它设计成椭圆及上下椎体的形状，以减缓受热膨胀后所造成的变形，并能减少活塞与气缸的间隙，防止"冷敲热拉"。

活塞的制造主要有铸造和锻造两种，铸造比锻造简单便宜，但却无法和锻造活塞一样承受较大的热度和压力，所以锻造活塞是替代铸造的必须改装件。

铸造的铝合金活塞，材料的紧密度低，而且比较"脆"，遇到高负荷很容易裂，如果在高压缩比的发动机上，将伴随产生爆燃、敲缸的现象，铸造品是无法承受此种负荷的。所以对于重度改装的高功率发动机，提高了压缩比、增加了涡轮增压或氮气加速系统时，需要采用锻造活塞。

锻造的铝合金活塞，可在铝合金材料中添加矽，其制作过程是使用固定的模具在几万磅的压力下冲压而成，这个过程让铝合金活塞的分子能更有效、紧密地排列，使强度得以大幅度提升，并使材质延展性相对增强。铝合金活塞中的矽含量高，能使活塞在遇热时减小其膨胀系数。高含矽量锻造活塞与气缸的间隙也可以预留得比含矽量较低的活塞小，进而因间隙小取得更好的密封性，发动机的动力更好。所以道路型的重改装车辆或中度改装的耐力赛发动机，可选择高含矽量的锻造活塞（图 2-3）。

更换改装的活塞时的注意事项：

1）注意平衡。为了减轻活塞连杆组在工作中产生的惯性力的影响，要求同一台发动机上的几只活塞统一更换。

2）注意方向。活塞与连杆的组装以及活塞连杆的组装入气缸时都有方向要求。一般来说，活塞顶部的记号（箭头、三角形或小缺口等）应朝向立式发动机的前方；有特殊结构的，按使用说明书的规定安装。

3）注意清洁。活塞环的间隙很小，所以更换前一定要将活塞及活塞环清洗干净。如果活塞表面粘有杂质，将造成"拉缸"和气缸压缩力下

图 2-3　锻造活塞

降。清理涂有防锈蜡的活塞时，应特别注意清理环槽底部的小孔，以防止残留的防锈蜡阻碍润滑油流回底壳而引起润滑油的燃烧。

## 二、活塞环的改装

活塞环是一种具有较大向外扩张变形的金属弹性环，它被装配到剖面与其相应的环形槽内。活塞环分为气环和油环两种，普通发动机每个活塞各有 2~3 个气环及 1 个油环，活塞环能维持气缸内的气密性，使气缸与曲轴箱隔绝开来，让燃烧室的气体压力不会流失，并能避免未完全燃烧的混合气对曲轴箱内的润滑油造成污染及劣化。活塞环能利用与气缸壁的接触把活塞所受的热传至气缸壁和水套，能防止过多的润滑油进入燃烧室，并让润滑油均匀地涂满气缸壁。

为了提高活塞环的密封性，减低磨损，延长其使用寿命，新型活塞环不断研制成功，为活塞环的升级改装提供了有利条件。

1）薄型活塞环。新一代的发动机都使用了厚度较薄的活塞环，即薄型活塞环。薄型活塞环有低摩擦、高输出、气密性佳等优点，其唯一缺点就是耐久度不如厚的好。

2）无开口活塞环。这种活塞环运用双重组合而找不到缺口，即可克服活塞必须预留大尺寸间隙的困扰，也能达到气密的功效。

3）不锈钢及特殊合金的活塞环。这些特殊材料的活塞环可以在活塞上行时释放压力，在活塞下行时保持密闭的状态以维持压力，该活塞环虽然价格较高，但是能有效地提高发动机效率。

由于活塞与活塞环都必须在高温、高压、高速及临界润滑的状态下工作，因此长久以来改装厂都在为提供最佳设计而努力。但发动机的性能是所有机件整合的结果，因此选择活塞套件时必须考虑凸轮轴的正时角度、供油系统的配合才能找出最佳搭配组合。

## 三、连杆和曲轴的改装

### 1. 连杆的改装

活塞连杆最基本的功能是连接活塞和曲轴，把直线的活塞运动转换成曲轴的旋转运动。在发动机工作时连杆会承受油气燃烧产生的爆发力，这个爆发力会使连杆有扭曲的趋势，连杆也是发动机所有组件中承受负荷最大的组件。由于连杆是把活塞的直线运动转换成曲轴的旋转运动，因此在活塞上下运转时连杆会不断地加速及减速，尤其在活塞抵达上止点时连杆的运动方向会由往上突然减速至停止，并立刻改变运动方向，这最容易造成连杆的损害。在做功行程时，燃烧产生的高压气体可对连杆运动带来缓冲效果，连杆轴承、活塞销所承受的负荷也会减轻。但是在排气

行程的时候，活塞、活塞环、活塞销及连杆本身的部分重量所造成的惯性力都会加在活塞销及连杆轴承之上，如果这时连杆出了问题，发动机就要进厂大修了。

现在的赛车发动机大多使用锻造的合金连杆，改装的连杆的品质关系着发动机的可靠度，但无法以肉眼检视连杆的品质或瑕疵，必须以特殊的非破坏检验或 X 光做检测，这是选购及改装连杆时的最大隐忧。

斯巴鲁 SUBARU WRC 车厂的钛合金锻造连杆与普通连杆的对比如图 2-4 所示。两种连杆主要区别：锻造 H 型连杆，不论是直径或断面强度，都是以 H 型连杆较佳，抵抗直下的力量非常不错，且 H 型连杆的旁边还会再做凹槽，借此以减少重量和增加润滑油的运送。

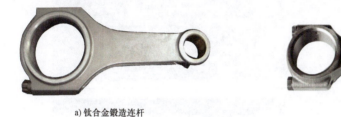

a) 钛合金锻造连杆　　　　　　　　b) 普通连杆

**图 2-4　锻造连杆与普通连杆的对比**

对连杆各项尺寸精密度的要求会随着压缩比及运转转速的提高而提高，即使仅是很小的尺寸误差，在高转速时都会造成活塞间隙明显的变化。如果用了强度不足的连杆，在高转速时由于惯性作用会使连杆长度变长，造成发动机的损害或是压缩比的增加。在活塞连杆的组件中对于尺寸要求最严格的当属连杆轴承，这也是最可能导致连杆损害的组件。所以，对赛车或高性能发动机来说，应该尽可能地使用最高品质的轴承，以确保发动机的可靠度。连杆的改装不仅应考虑材料品质和加工工艺的提高，还需要考虑到轻量化的需要。提高连杆及其轴承的强度和改善连杆轴承的润滑效果是连杆改装的重点。

**2. 曲轴的改装**

曲轴（图 2-5）是发动机的主要旋转机件，它与连杆配合将作用在活塞上的气体压力变为旋转的动力，传给底盘的传动机构，并驱动配气机构和其他辅助装置。

发动机工作时，曲轴承受气体压力、惯性力及惯性力矩的作用，受力大而且受力复杂，并且承受交变负荷的冲击作用。同时，曲轴又是高速旋转件，因此要求曲轴具有足够的刚度、强度和平衡度，具有良好的承受冲击载荷的能力，耐磨损且润滑良好。

曲轴的改装主要围绕着高速平衡和轻量化进行，关键是曲轴的平衡，防止发生扭转振动。要达到的目标就是在一个更高的转速范围内，获得平衡，减小振动。

**图 2-5　曲轴**

曲轴平衡度和转速范围有一定的关联性。对 4 缸 16 气门的发动机而言，最高的转速为 5000～6000r/min，因此作为跑车平衡点达到 6000r/min 即可。但是普通的汽车或一般意义上的动力改装，如果照顾高转速下的运转平衡，其低速域的平衡值就可能变差，导致曲轴的振动，从而相对地影响轴承的寿命。因此，首先要确定发动机主要的转速范围和最高转速，曲轴平衡的区域能尽可能保持在发动机最常使用的转速范围。

曲轴的各相对角度必须正确，否则点火正时和气门正时就无法精确有序地运作。曲轴轴承的间隙也是另一个重点，主轴承和连杆轴承都必须有适当的间隙以使润滑油能够流动产生润滑和冷却效果。如果太小，气缸壁、活塞、气门等就无法获得充分的润滑，会造成机件的磨损。

## 任务实施

| | 图片及介绍 |
|---|---|
| 原车 |  |
| 改装后 |  |
| 任务分析 | 高尔夫 R32 这款在大众阵营中首次使用双离合变速器的车型投产于 2003 年至 2004 年之间，3.2L VR6 发动机最大功率为 250 马力，是高尔夫车系中的一代经典。现在，德国改装厂商 HPerformance 为它量身打造了一套新的动力套件，让其最大输出功率一举提升到了 650 马力。为了造就这样一台高性能版本 R32，HPerformance 选择了一个冲程更短的曲轴，更换了发动机气缸套、凸轮轴、连杆、轴承等，将发动机排量缩减到 3L。这样看上去违反常规，而且转矩也有轻微下降，但这样获得了更好的高转速力量储备 |

| 任务名称 | 改装曲柄连杆机构 | 学时 | | 班级 | |
|---|---|---|---|---|---|
| 学生姓名 | | 学生学号 | | 任务成绩 | |
| 实训设备 | | 实训场地 | | 日期 | |
| 任务描述 | 小王是一位私家车的车主，他想把自己的爱车的发动机曲柄连杆机构进行一番改装。但是不知道针对于汽车发动机的曲柄连杆机构改装有哪些，也不知道自己的爱车应该如何改装。你能告诉小王关于汽车发动机曲柄连杆机构改装的基本知识吗？ | | | | |
| 任务目的 | 以行动为导向，引导学生学习，按照法律法规来制订改装方案 | | | | |

一、简答题

1. 活塞的制造方式有哪几种？

项目二 汽车发动机系统改装

（续）

2. 活塞连杆最基本的功能是什么？

3. 新型活塞环的种类都有哪些？

二、检查

任务完成后，进行如下检查：

1. 检查仪器、工具、设备是否复位：_____。
2. 检查场地是否清洁：_____。
3. 检查任务工单是否填写完整：_____。

三、评估

1. 请根据自己任务完成的情况，对自己的工作进行自我评估，并提出改进意见。

1）_____

2）_____

2. 工单成绩（总分为自我评价、组长评价和教师评价得分值的平均值）

| 自 我 评 价 | 组 长 评 价 | 教 师 评 价 | 总　　分 |
| --- | --- | --- | --- |
|  |  |  |  |

## 任务三　配气机构的改装

斯巴鲁 Impreza 汽车的 GT 原厂气门弹簧，由于其强度有限，转速升到 7200r/min 后就会造成气门无法立即回弹关闭，将 GT 原厂气门弹簧改装成 STI 气门弹簧后，就可以解决此问题，尤其是对高速行驶更为有利。配气机构的零件改装，对于充分发挥发动机的性能具有重要的意义。

### 一、气门的改装

气门的相关技术在过去几年有很大的进步，主要的改变在于材质的进步及精密度的提高。高效率的进、排气以及满足环保法规的要求，均有赖于材质精良的气门。

气门改装的原则是：在不影响强度的情况下尽可能地减轻气门的重量。动作精确的气门是高性能发动机的基本要件，专业改装厂通常会提供不同的气门组合供消费者选择，发动机的改装项目越多，气门机构精确度的要求就越严格，所以设定气门时必须要同时考虑与凸轮轴及气门摇臂的配合。原厂的气门通常都有适当的材质和大小，但是如果有需要的话可适度地换上较大或较小尺寸的气门。

气门的材质是很重要的,目前的改装用气门通常用钛合金作为材料,以求强度的提升及轻量化,但是一套钛合金的气门价格并不低。而有的是将气门的背部切削或用中空的设计以达到轻量化的目的,也有把气门表面做成漩涡状,以利在气门开启时能产生气体的流动。

气门的热量可由与之接触的气门座散热。因此,气门座的配置必须非常谨慎,假如太靠近气门的边缘或是气门边缘太薄了就可能造成密合度不良。气门套筒和气门间的精密度及表面平滑度,气门摇臂与气门固定座间的表面精度都必须严格要求,否则在高转速时将会导致严重的损害。

### 二、气门套件的改装

#### 1. 气门弹簧的改装

气门弹簧(图2-6)负责为气门关闭提供动力,是气门复位的装置。气门是由凸轮轴的凸起部位推动,向下开启以完成进气和排气的动作,完成这一动作后发动机就会进入压缩和做功行程,此时需要气门迅速落座以保证燃烧室处于密封状态。气门弹簧则负责为气门落座提供动力,使其迅速准确地完成落座的动作。除此以外,气门弹簧还肩负着吸收气门开启和关闭过程中的惯性力的作用,防止配气机构的正常工作被破坏。气门弹簧大多数由中碳铬钒合金或硅铬钢丝制成,拥有足够的刚性和抗疲劳强度以应对频繁的往复载荷,并保持适当的弹力。

气门弹簧要承受频繁的交变载荷,为了保证气门弹簧能够可靠地进行工作,要求气门在保持合适弹力之余,还要拥有足够的刚度和抗疲劳强度。气门弹簧的强度设定必须恰到好处,要兼顾气门的密合度又不能造成开启时的困难。如果弹簧强度过大,以致凸轮轴开启气门时负荷过重,对发动机的动力输出是非常不利的。气门的固定座也是个潜在的问题,这个装置是用夹子把弹簧固定在气门杆上,这在急加速及升程大的发动机上会造成气门的扭曲或断裂,因此也必须配合各项参数做相应的改变。

#### 2. 摇臂的改装

原厂的气门摇臂达到发动机的转速上限,或在改变气门正时后都可能满足不了发动机进、排气的需求,此时就需要对气门摇臂进行强化改进。升程太大的凸轮轴会造成气门摇臂的扭曲,所以需要对气门进行强度的提升及轻量化的改进。对一般的气

图2-6 气门弹簧

门来说,摇臂采用滚筒式与气门座接触,能够减小接触表面的压力,也能承受较高的来自推杆的压力。一般气门摇臂若有圆滑的表面和滚动的轴承,会使运转时的摩擦阻力变小,摩擦阻力越小,所消耗的动力就越小。

### 三、凸轮轴的改装

凸轮轴是配气机构的核心部件,气门的启闭正时角度、气门重叠、升程都是由凸轮的形状决定的。目前凸轮轴改装主要是换用高角度凸轮轴。

凸轮轴工作角度超过280°,就可称为高角度凸轮轴,高角度凸轮轴不仅工作角度大,而且升程也高,从而使得发动机进气量增多,发动机高转速时动力提高。但是随意加大工作角度,会使气门重叠角大增、低转速时气门漏气率高、怠速异常不稳,也会因为真空度的下降使制动总泵助力器助力减弱,原厂行车电脑收取数据移位。这种低转速乏力、高转速动力大增的情况,使得汽车无法适应街道行车,只能运用于竞赛用途。从理论上讲有好的低转速反应就不能同时提供高转速时的强大动力输出,而有高转速时强大的动力输出,就无法兼顾低转速时的稳定性。因此,凸

项目二　汽车发动机系统改装

轮轴在改装时要遵循协调与平衡的原则。动力平衡关系到各缸的喷油量、进气量，点火提前角大小等；对于机件的重量平衡，在确保强度的前提下尽量减轻重量，以减小往复运动的惯性力。将平衡做好，各缸间的动力一致，自然会有高功率输出和耐久的表现。

| | 图片及介绍 |
|---|---|
| 原车 | |
| 改装后 | |
| 任务分析 | 爱丽舍发动机改装可以使气门开启时间更长久的264高角度凸轮轴（它的功率主要发挥阶段为4000～7000r/min），以保证高转速时进、排气充分，提升发动机性能。所谓高角度凸轮轴，乃是增加凸轮的作用角，来增加气门开启时间，除了作用角的加大外，增加凸轮的扬程（Lift）也能增加气门的升程；气门能开得久且开得深，自然让能活塞吸入更多的空气、提高容积效率 |

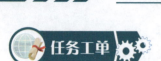

**任务工单**

| 任务名称 | 改装配气机构 | 学时 | | 班级 | |
|---|---|---|---|---|---|
| 学生姓名 | | 学生学号 | | 任务成绩 | |
| 实训设备 | | 实训场地 | | 日期 | |
| 任务描述 | 小张是一位私家车的车主，他想把自己的爱车进行一番改装。但是不知道汽车发动机配气机构改装的相关知识，也不知道自己的爱车应该如何改装。你能告诉小张关于汽车发动机配气机构改装的一些知识吗？ | | | | |
| 任务目的 | 以行动为导向，引导学生学习，按照法律法规来定制改装方案 | | | | |

一、简答题

1. 气门改装的原则是什么？

2. 凸轮轴的改装需要注意哪些问题？

二、检查

任务完成后，进行如下检查：

1. 检查仪器、工具、设备是否复位：_____。
2. 检查场地是否清洁：_____。
3. 检查任务工单是否填写完整：_____。

三、评估

1. 请根据自己任务完成的情况，对自己的工作进行自我评估，并提出改进意见。

1) _____

2) _____

2. 工单成绩（总分为自我评价、组长评价和教师评价得分值的平均值）。

| 自 我 评 价 | 组 长 评 价 | 教 师 评 价 | 总　　分 |
|---|---|---|---|
| | | | |

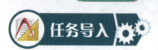

## 任务四　燃油供给系统的改装

**任务导入**

发动机的最佳空燃比为 14.7:1，但若在高转速、高负荷时想获得较高的发动机动力输出，通常要将空燃比提高到 12:1～13:1。燃油供给系统的改装就是要"适时、适量地提高供油量"，让空燃比适度变小。这"适时"与"适量"也是判断燃油供给系统优劣的依据。燃油供给系统的改装可以从硬件改装和软件改装两方面着手。

## 项目二 汽车发动机系统改装

### 知识准备

#### 一、燃油系统硬件的改装

燃油系统硬件改装的目的是要提高单位时间的供油量,主要包括加装调压阀和更换喷油器。

**1. 加装调压阀**

多点喷射系统中的压力调整器负责对喷油器提供一个固定的压力,压力越大在相同的喷射时间内喷出的燃油量就越多。调压阀是安装在压力调整器之后的回油管,经调整可将喷油器的喷油压力提高(一般可提高约200%),进而实现在不改变原车供油模式的情况下增加喷油量(可增加约5%~10%)。加装调压阀是燃油供给系统改装中成本最低的一项,其安装方法也很简单,只是在调整压力时,需借助燃油压力表才能测量调出的压力。事实上,对于更换排气管、改装进气装置等小幅改装的汽车,通常可以用加装调压阀来弥补其在高转速时喷油量的不足,效果明显且经济。此外,若车在静止起步时踩下加速踏板的瞬间发动机出现短暂的爆燃现象,加装调压阀也可缓解这个问题。

**2. 更换喷油器**

喷油器的大小决定了单位时间的喷油量,改用直径较大的喷油器是提高喷油量最直接的方法,要换多大直径的喷油器则需视发动机的改装程度而定。改装喷油器最大的困难是得到可相容的喷油器,通常只有同车系或同系列发动机的喷油器才可相容,例如本田思域轿车可以换用本田雅阁轿车的喷油器,喷油量增加约25%。改装喷油器所获得喷油量的增加是全面性的,也就是从低转速到高转速喷油量都会增加,所以这可能会造成在中、低转速时的供油过多,可燃混合气过浓,导致发动机耗油量增加和运转不顺。通常经过大幅度改装后的发动机才会需要大幅度地增加供油量,而一般车主所需要的只是在高转速和重负荷时适度地增加喷油量,这就需要软件的调整才能实现。还有一种情况就是发动机大幅度改装后,很可能在高转速时所需的喷油时间比发动机运转一个行程的进气时间还长,造成喷油器持续喷油也无法提供足够的油量,这时改用直径更大的喷油器(图2-7)就是必然的选择了。喷油器更换前后的对比如图2-8和图2-9所示。

图 2-7 新 12 孔喷油器

图 2-8 更换前

图 2-9 更换后

#### 二、燃油系统软件的改装

对于常用的间歇喷射式喷油系统来说,供油量的多少是以喷油器喷射持续时间的长短来计算的。电控单元(ECU)会根据空气流量、发动机转速以及各个传感器所提供的补偿信号,利用原先在 ECU 中已经编制好的供油程序算出所需的供油时间。所以，改变供油程序即是通过改变供油时间的长短，最终达到改变供油量的目的。

电控单元的生产厂商均为国际跨国企业，生产产品均销售至全世界。因每个国家汽油品质、温度、大气压力、湿度、发动机形式上的差异，车辆要适应不同国家的天气、环境及驾驶人的要求，同时也要保证在这种复杂情况下依然能够通过严格的尾气排放、油耗标准、运转稳定性、发动机材料耐用性等条件，因此在大多情形下原装 ECU 内的程序是一个符合众多条件的最佳妥协，所以原车电脑所设定的范围比较保守，故保留一定的空间可供升级。

ECU 软件的改装有以下优点：

1）自然进气的发动机可增加 10%~15% 的功率及转矩，低转矩的增加明显而且会比原厂提早发挥作用，因此小排量车型原车一二档换档时发抖的问题也会因此而消失。

2）带涡轮车型可增加 20% 或以上的功率和转矩。另外，原装带涡轮车型一般设定发动机转速在 1800r/min 左右涡轮才起作用，而改装 ECU 后，涡轮会更早地介入，从而使转矩更早地发挥作用，最大转矩输出曲线变得更宽，因此也会使汽车相对原车更加省油。

3）改装后自动档车型换档会变得更平顺，动力衔接更顺畅。正常驾驶时相对原车会较早换档从而达到省油的目的，反之急加速时会延迟换档，使提速更加迅猛从而会享受到更强的推背快感。

4）可解决许多原厂无法解决的问题如：怠速过低、易熄火、区段发动机爆燃问题、自动变速器换档振动等问题。

5）发动机转速提升非常明显。

软件的改装包括更换 ECU 芯片和改装可变程序式 ECU 两种方式。这是目前最简单、最快捷、最有效的改装方式，绝大部分车型无需拆卸任何原车硬件，仅仅通过每台车自带的 OBD 车载诊断接口即可读写 ECU 程序。

**1. 更换 ECU 芯片**

原车厂在设计发动机时便已将原先设定好的供油程序收录在只读存储器（ROM）上，而 ROM 都直接焊在电路板上，构成 ECU 芯片。原供油程序是不可更改的，所以若想改变供油程序就必须换用新的 ECU 芯片。通常专业改装厂都会供应各种车型改装用的 ECU 芯片，改装时要先把原芯片取下，焊上一个 IC 座（可方便日后再更换），再插上改装用的芯片。当然，如此所得的供油程序仍是固定的，只是对原车的程序进行了修正，其中很重要的一项是可将补偿喷射程序中的停止喷油控制时间延后甚至取消，实现不再有停止喷油的限制。需要注意的是，每种改装用芯片都有其设定的适用条件，改装时必须选用和汽车改装的程度相近的芯片，才能得到最佳的效果，否则可能适得其反。

**2. 改装可变程序式 ECU**

改装可变程序式 ECU 是燃油供给系统改装中最贵也最有效的一项。改装可变程序式 ECU 后，车主可依照爱车发动机的改装程度，配合空燃比传感器的测量，通过可变程序式 ECU 设定出最佳的供油程序，再利用外接笔记本电脑任意更改。它与改装 ECU 芯片最大的不同在于，以后再对发动机进行改装时，若出现原有供油程序不合用的情况，可经由程序的修正立刻获得解决，这也正是改装可变程序式 ECU 的最大优点。改装可变程序式 ECU 后，原车的 ECU 便可废弃不用，但较高等级的 ECU 能将原车的所有传感器功能悉数保留，也就是说各种供油补偿程序都可正常运作，也可更改，不会因获得高性能而将运转顺畅度与实用性丧失。改装可变程序式 ECU 的最大困难并不在于安装，而是供油程序的设定与最佳化修正。这往往需要改装师的通过经验和借助仪器，经过不断的测试才能完成。

对于国内大部分地区都使用无铅汽油，升级后配合 98 号汽油，发动机可以发挥到最佳状态。适当的将点火提前使发动机内混合气燃烧更加充分，积炭相对减少，发动机寿命延长。相反，目前国内部分城市使用乙醇汽油,乙醇汽油具有易燃性,燃烧过程短,适当地将点火滞后会使乙醇汽油燃烧更加充分,升级 ECU 将点火提前,就会造成发动机爆燃、无力,长期使用就会损伤发动机。适当的改装同时配合好的汽油对车辆是非常有利的,但是过度的改装就有可能超越车的承受范围而导致硬件损伤,比如变速器齿轮爆裂、变速器爆裂、半轴被切断等。

### 三、汽车节油装置的改装

汽车节油装置的产品和型号有很多,按其节油原理归纳起来可分为三类:第一类是通过改善油路来改变燃油特性,从而达到节油目的的节油装置,如油箱节油器、复合节油器、核磁共振节油器、油贴等;第二类是通过优化气路增加进入气缸的空气中的含氧量,从而达到节油目的的节油装置,如空气宝、富氧节油器、纳米活性增氧器等;第三类是通过改善电路来稳定供电电压,增强点火效能,从而达到节油目的的节油装置,如动力加速器等。

#### 1. 油箱节油器的改装

油箱节油器(图 2-10)实质上是超能多元催化器的简称,它可以通过改善油路来改善节油特性。这种装置可以 24 小时对燃油进行处理,将燃油分子链打碎,提高小分子燃油的百分比,从而使得燃油能够充分燃烧以达到节油目的。这种装置一般在柴油车上使用,如果再配上复合节油器使用效果更好。柴油车油箱口较大,可以直接将其放入油箱内。有些大型柴油车有两个油箱,应当将它放入靠近燃油滤清器的油箱,如两个油箱都放,效果更好。

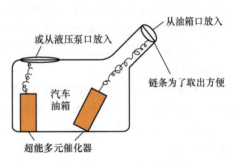

图 2-10 油箱节油器

#### 2. 空气宝的改装

空气宝是一种通过增加进气量使得燃油得到充分燃烧而达到节油目的的装置,在其内部有效物质的催化作用下,进入发动机中的氧离子就会大幅增加,进气质量得到大幅改善,空燃比得到最优配置,燃烧更加充分,能有效提高汽车燃油经济性和动力性。这种装置适合各种车型,一般情况下汽油车上可以配置一个空气宝,柴油车上需要配置 2~3 个空气宝,燃气车一般配置 3~6 个空气宝。

空气宝安装在空气滤清器内。汽油车可将空气宝直接放入空气滤清器内,靠近发动机的一端效果更好。柴油车空气滤清器有一个大的铁丝网状的内壳,在换滤芯时只换纸质部分,铁丝网状的内壳是不换的。可将空气宝安装在铁丝网状的内壳上,用扎带进行固定,装贴在既不妨碍空气流通又是气缸空气的必经之路即可。

#### 3. 复合节油器的改装

复合节油器是复合频率共振器的简称(图 2-11),通过改善油路来达到节油的目的。它可以有效改变燃油的烷分子键结构,将燃油中大分子团击碎,变成小分子并有序排列,从而使得燃油能得到充分燃烧,不仅能显著节油,提高汽车的动力性能,还能改善尾气排放的特性。这种节油装置一般适合安装在柴油车上,条件允许的情况下可以同时配置两个空气宝。一般排量大的汽油车也可以使用复合节油器,节油效果更好,但价格比磁性节油器高。复合节油器产品配有两个专用的万向活接头,通过这两个接头将复合节油器安装在滤清器后面的进油管上(找到进油管活接处,直接串联在油管上即可,复合节油器不分进出口)。如果安装复合节油器后,感觉动力明显增强,可以调节液压泵,适当减少供油量。

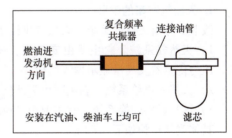

图 2-11 复合节油器

#### 4. 动力加速器的改装

动力加速器（图2-12）是一种电路稳定器，可以通过稳定汽车电气系统的电压，使得供油点火处在最佳的时刻，从而可以有效提升动力，改善燃油经济性。这种装置也可以广泛应用在各种车型。动力加速器应当安装在电路负极搭铁的位置。

### 四、油改天然气的改装

#### 1. 油改天然气的基础知识

天然气汽车是以天然气为燃料的一种气体燃料

图2-12　动力加速器

汽车。天然气的甲烷含量一般在90%以上，是一种很好的汽车发动机燃料。目前，天然气被世界公认为是最为现实和技术上比较成熟的车用燃油的代用燃料。我国目前推广应用的是燃用压缩天然气或两用燃料汽车（汽油和压缩天然气）。车用压缩天然气的压力一般在20MPa左右。可将天然气，经过脱水、脱硫净化处理后，经多级加压制得，其使用时的状态为气体。油改气燃气汽车系统原理如图2-13所示。

压缩天然气（CNG）双燃料汽车，采用定型汽车加装一套"CNG型车用装置"而成，实现天然气、汽油两用。以天然气为汽车燃料，具有燃料价格相对便宜，燃料辛烷值高，汽车排气污染小，车辆改装简单，安全可靠等优点。双燃料汽车可以充分利用天然气资源，降低运输成本，减少环境污染。

天然气钢瓶的瓶口处安装有易熔塞和爆破片两种保险装置，当气瓶温度超过100℃或压力超过26MPa时，保险装置会自动破裂卸压；减压阀上设有安全阀；气瓶及高压管线安装时，均有防震胶垫。因此，该系统在使用中安全可靠性好。

双燃料汽车以天然气作燃料时，天然气经三级减压后，通过混合器与空气混合进入气缸，压缩天然气由额定进气压力20MPa减为负压，其真空度为49～69kPa。减压阀与混合器配合可满足发动机不同工况下混合气的浓度要求。

减压阀总成设有怠速电磁阀，用以供给发动机怠速用气；压缩天然气减压过程中要膨胀做功对外吸热，因此在减压阀上还设有利用发动机循环水的加温装置；为提高操作性能，驾驶室设置有油气燃料转换开关，用来统一控制油气电磁阀及点火时间转换器；点火时间转换器由电路系统自动转换两种燃料的不同点火提前角；仪表板上气量显示器的5只红绿灯显示气瓶的储气量；燃料转换开关上还设有供发动机起动的供气按钮。

#### 2. 天然气汽车的改装

改装部分由天然气系统、天然气供给系统和油气燃料转换系统三个系统组成。

1）天然气系统。它主要由充气阀、高压截止阀、天然气钢瓶、高压管线、高压接头、压力表、压力传感器及气量显示器等组成。

2）天然气供给系统。它主要由天然气高压电磁阀、三级组合式减压阀和混合器等组成。

3）油气燃料转换系统。它主要由三位油气转换开关、点火时间转换器和汽油电磁阀等组成。

具体改装步骤如下：

① 车辆改装前应对车辆性能进行检查，主要检查发动机的起动性能和动力性能，要求发动机起动性能良好，加速灵敏，否则不宜改装。

② 根据车型加装相应的套件、气瓶，按照改装技术规范要求，对汽车进行总布置设计。

③ 气瓶的安装。首先将钢瓶支架按设定位置进行固定，气瓶安装位置应远离热源，气瓶与排气管之间的距离不得小于75mm，车辆最大总质量的增加不得超过5%，气瓶与钢瓶支架之间垫橡

胶板，调整好气瓶方向和位置，稳固气瓶。

在安装气瓶时将气瓶头端，留出与车体外轮廓大于 200mm 的安全距离，用橡胶密封罩将钢瓶阀体进行密封。

④ 减压器的安装。首先将减压阀（图 2-14）固定支架按设定的位置进行固定，然后稳固减压器，减压阀安装位置应便于保养、调整压力，尽可能地接近喷轨位置，低于散热器水平面，远离发动机排气管，安装水循环连接好冷却液温度传感器。

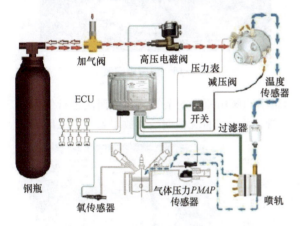

图 2-13　油改气燃气汽车系统原理图

图 2-14　减压器

⑤ 充气阀的安装。首先将充气阀固定支架，按设定位置进行固定，然后将充气阀稳固在支架上，充气口朝上与地面垂直，要留有手动截止阀操作空间，便于操作。

⑥ 燃气 ECU 的安装。首先将 ECU 固定支架，按设定位置进行固定，然后将 ECU 稳固在固定支架上，装在振动较小的位置。要远离热源、注意防水以及便于拆卸维护。

⑦ 转换开关及气量显示器的安装。按设定位置，固定在驾驶室易于观察，便于操作的位置。

⑧ 喷轨的安装（选用）。首先将喷轨支架按设定位置进行固定，然后将喷轨固定在支架上。尽量靠近进气歧管，远离发动机排气管，便于保养与维护。

⑨ 电磁阀的安装。首先将电磁阀支架，按设定位置进行固定，然后将电磁阀固定在支架上。安装位置便于保养、注意防水，尽量靠近减压器位置，远离发动机排气管。

⑩ 高压管路连接。高压管路连接主要是指充气阀、储气瓶、减压阀之间的管路连接。按设定位置，采用卡套试连接，高压管用卡箍固定在车底板上，摩擦部位用橡胶管加以保护，远离排气管。

⑪ 低压管路连接。低压管路连接主要是指减压阀、喷轨、喷油器之间的管路连接。按设定位置，采用软管卡环连接。进气歧管上打孔遵照三个基本原则：尽量选择歧管壁厚的地方；尽量靠近歧管根部；多个孔尽量在同一水平线上。

⑫ 电路及线速安装。主要包括燃气 ECU（图 2-15）、转换开关、气温传感、冷却液温度传感器、喷轨电控、电磁阀（图 2-16）、电瓶、喷油器、点火线圈、氧传感等之间的连接。电源线及线束安装接插牢靠，绝缘良好，不与其他元件产生摩擦，如有采取绑扎及固定措施。

⑬ 对改装进行全面检查：

检查硬件安装是否符合设计要求，固定是否牢靠。

检查高压管路及低压管路是否符合设计要求，连接是否牢靠。

电路、线束连接是否正确，绝缘及绑扎是否牢靠。

⑭ 气密试验：经检查确认改装合格后，方可进行气密试验。天然气钢瓶安装位置如图 2-17 所示。

图 2-15　燃气 ECU　　　　　　　　图 2-16　电磁阀安装

　　CNG 系统安装经外观检查确认合格后,打开钢瓶手动阀用瓶内剩余氮气和检漏液进行气密性检验(也可用气密检测设备进行检验),确认高压气管接头及部件无泄漏后,放尽氮气,关闭钢瓶手动阀,加入天然气,进行置换。

　　置换:加少量或 3～5MPa 天然气进行低压检漏检验,确认无泄漏后,在指定的安全区域内,由专人操作,专人监护,非操作人员禁止靠近,进行置换操作。将手动充气阀打开,放尽天然气然后进行 20MPa 天然气的高压气密性检验,5min 内不得有气体渗漏现象。

　　如发现管路、接头有气体泄漏,应关闭瓶阀待管路中气体排出后,再拧紧卡套或接头,或更换部件。禁止带压紧固,修完再次试漏,确保无泄漏点。

图 2-17　天然气钢瓶安装位置

　　调试:确认无泄漏后,由改装技师进行改装调试,调试正常后,确认车辆改装合格,交付客户。

| | 图片及介绍 |
| --- | --- |
| 原车 | |
| 改装后 | |

## 项目二　汽车发动机系统改装

（续）

| | 图片及介绍 |
|---|---|
| 改装后 |  |
| 任务分析 | 汽车油改气实际上是通过给汽车加装一套使用天然气的装置，使其可以在烧汽油和烧天然气之间自由转换。一般散热器温度超过60℃的情况下，装置就能自动完成从烧汽油到烧天然气的切换。如果天然气快烧完了，也可以强制切换回烧汽油状态，从而成为双动力汽车 |

| 任务名称 | 燃油供给系统的改装 | 学时 | | 班级 | |
|---|---|---|---|---|---|
| 学生姓名 | | 学生学号 | | 任务成绩 | |
| 实训设备 | | 实训场地 | | 日期 | |
| 任务描述 | 小王是一位私家车的车主，他想把自己爱车的发动机进行天然气改装。但是不知道汽车发动机天然气改装的相关知识，也不知道自己的爱车应该如何改装。你能告诉小王关于汽车发动机天然气改装的一些基本知识吗？ | | | | |
| 任务目的 | 以行动为导向，引导学生学习，按照法律法规来制订改装方案 | | | | |

一、简答题
1. 燃油系统硬件改装的目的是什么？


2. 燃油系统硬件改装的项目有哪些？


二、检查
任务完成后，进行如下检查：
1. 检查仪器、工具、设备是否复位：＿＿＿＿＿。
2. 检查场地是否清洁：＿＿＿＿＿。
3. 检查任务工单是否填写完整：＿＿＿＿＿。
三、评估
1. 请根据自己任务完成的情况，对自己的工作进行自我评估，并提出改进意见。
1) ＿＿＿＿＿＿＿＿＿＿＿＿＿＿＿＿＿＿＿＿＿＿＿＿＿＿＿＿＿＿＿＿＿＿＿＿＿

2) ＿＿＿＿＿＿＿＿＿＿＿＿＿＿＿＿＿＿＿＿＿＿＿＿＿＿＿＿＿＿＿＿＿＿＿＿＿

2. 工单成绩（总分为自我评价、组长评价和教师评价得分值的平均值）

| 自 我 评 价 | 组 长 评 价 | 教 师 评 价 | 总　　分 |
| --- | --- | --- | --- |
|  |  |  |  |

## 任务五　进气与排气系统的改装

 任务导入

　　刘先生最近想为自己的马自达6改排气管，他改装的理由很简单，只是追求能够达到一种"震撼力"，就像大街上一些改装车在身边疾驰而过时，所听见的那种轰鸣声。可是，当他改装之后，将这种超爽的感觉与朋友们分享时，一位深谙改装之道的朋友却向他泼了冷水："你那粗大的排气管嗷嗷喘着粗气，自己还觉得挺神气，其实在我听来，你的爱车已经在痛苦地向你投诉呢。"在朋友的指点下，刘先生才逐渐意识到，改装排气管看似简单，可是要改装得合理实用，里面大有文章。别以为简单地加大口径、声音改得很"震撼"，就算是达到目的。进排气系统的改装既可以提升汽车动力性，还可以使汽车运行更加顺畅，提高发动机工作效率，使得油气混合得更加充分，从而降低废气的排放，但是如果改装不当，还会埋下隐患。

 知识准备

### 一、空气滤清器的改装

　　空气滤清器简称空滤，是将吸入发动机内的空气进行过滤的重要部件，原厂空滤（图2-18）多采用一次性使用的防水过滤纸制成的，需要定期更换。由于过滤纸本身在过滤空气的同时也会对进气造成一定的阻力从而影响进气效率，而且寿命有限、更换频率过大也会造成很大的浪费。因此，便出现了可提高进气效率重复使用的高性能空滤（图2-19）。空滤器改装方法主要有两种：一是换装高流量滤芯，二是改装高流量滤清器（俗称冬菇头）。

图2-18　原厂滤芯

图2-19　高性能滤芯

高性能空滤分为干式和湿式两大类：干式空滤多采用高密度海绵材料制成，清洗时用压缩空气将灰尘吹干净即可，这类空滤有过滤效果降低的缺点，适用于空气质量较好的地区使用。湿式空滤多采用耐用性强的高密度复合过滤材料制成，使用前需要将配套的空滤油均匀喷布于空滤表面，根据具体产品规定的清洗里程数，清洗时使用专用的清洗剂将污物清洗干净后重新喷上空滤油即可再次使用，一般这类空滤可重复使用 5～7 次。由于采用特殊的空滤油，可以在提高进气效率的同时兼顾良好的过滤能力，相比之下湿式空滤更适合日常使用。

除了替换原厂空滤以外，还有可以大幅提高进气效率的锥形面空滤，即所谓的冬菇形空滤。这类空滤由于相对于平面形空滤表面积大，从而使进气效率大幅提高。不过使用设计合理的冬菇形空滤，由于可大幅提高进气量，可能导致行车电脑判断错误而进行大量喷油造成耗油量异常的提高，个别车型需要更改行车电脑管理程序以恢复行车电脑正常判断。冬菇形空滤基本属于纯竞赛用途，不太适合日常长期使用。冬菇头改装适合想把转速拉到 4000～5000r/min 的车主采用，因为它对高转速的最大功率的提升是有很大帮助。另外，如果想改装涡轮增压发动机，那么冬菇头是不二的选择，它能提供这种发动机额外的空气需求量。

冬菇头有许多种形式，但大致都是把滤芯材质外露，并做成像冬菇那样的大帽子形状，以尽可能广的角度吸纳更多的空气量，如图 2-20 所示。由于三维立体的设计，冬菇头过滤空气的面积比原厂"饼干"式要大很多，而且"易通风"的纤维结构使得新鲜空气可大量、轻易地进入发动机，这能充分满足高转速下发动机对大量空气的需求。海绵滤芯"冬菇头"滤清器的结构如图 2-21 所示。

图 2-20　直通外滤型"冬菇头"

小车改装空气滤清器主要是原车滤芯改为高效大流量滤芯，这种滤芯多是进口的，价格比较高。

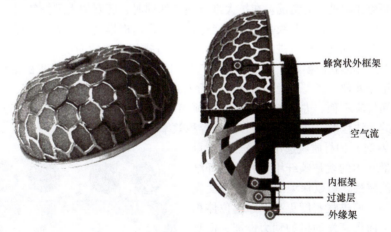

图 2-21　海绵滤芯"冬菇头"滤清器的结构

对于发动机没有重度改装或是采用自动变速器的汽车，为保持原车的低速转矩能力，还是使用原厂的滤芯更合适。在使用中，应经常清洗滤清器，及时更换滤芯。

有些车主用碳纤维风箱（图 2-22）来取代原车的空气滤清器。碳纤维具有良好的隔热性，使进气温度不受发动机舱高温的干扰，空气密度更大，燃烧效率更好。而且风箱特殊的内部构造，能使进气形成涡流，使可燃混合气更好地混合以促进燃烧。例如东南菱悦轿车所用的就是碳纤维风箱。

## 二、进气道与排气道的改装

进气道的改装可从抛光进气道、加大进气道和更换进气道的材质三个方面着手。进排气道是发动机进行进排气操作的通路，原车的进排气道是随气缸盖一起铸造而成的，由于采用砂模铸造工艺铸造，进排气道内会留有铸造痕、或存在一定铸造误差，对进、排气顺畅度有很大影响。因此就出现了对进排气道内进行抛光的加工方法，其具体工序是将气缸盖拆下，用小型内壁抛光机将进排气道内的铸造痕等瑕疵清除干净，再用细化抛光剂进行表面镜面抛光处理。抛光进气道可以降低气道表面的粗糙度。平滑的表面可有效降低进气阻力，减少空气流经气道时在气道表面产生停滞的现象；抛光后气道直径也会有小幅度的加大，这可视为抛光后所带来的附加效益。进气道抛光后可加快气体的流速，加强了扫气效应，使残余废气排得更彻底，提高发动机的容积效率。相应的，排气道的抛光也能起到一样的效果。抛光进气道如图2-23所示。

图2-22　碳纤维风箱

图2-23　抛光进气道

进排气道内壁抛光对进排气效率的提升很有限，因此就派生出了进排气道加大的改装法。加大进排气道改装主要是针对涡轮增压发动机大幅提高动力输出，需要提高推动涡轮增压器转动的排气和高流量、高流速的进气的情况。在扩大进排气道的同时，还要加大进排气门，并对凸轮轴、气门弹簧等配气机构进行全面的升级强化，才能达到大幅提高进排气量，从而大幅提高动力输出。在改装之前，需要对提升进排气道进排气量所需的实际进排气道口截面积进行计算，然后制作出加大进排气道口的具体形状的模板，将每个进排气道口装上模板后，按照模板的形状逐一进行扩大加工后再进行抛光处理，多气门发动机还要注意对进排气道间进行刀锋化处理，防止在高转速状态下进排气道间气流不稳。进气道和进气管必须保证足够的流通面积，避免弯管和截面突变，并改善管道表面的光洁程度，以减小阻力，提高容积效率。

进气道（图2-24）的材质应选用不吸热且质量轻的材料，目前最常用的就是碳纤维材料。碳纤维材料具有不吸热的特性，可以保证进气温度不受发动机舱高温的影响，使进气密度更高，即单位体积的含氧量增加，从而提高发动机的动力性能，但是价格较高。

改装进气道时，常将形状及材质同时改变，以获得最大的效果。同时，将空气滤清器一起拆除，并将进气口延伸至车外，直接对准前方，以便在车速提高的同时，进气压力也能随之增大，进气量也相应增加。

图2-24　进气道

进气歧管是将由节气门导入的空气分配给每个气缸，与喷入的燃油雾化后参与发动机燃烧室内的燃烧的重要部件，对整台发动机的工作效率和动力输出性能起着至关重要的作用。进气歧管的不同设计取决于发动机的工作特性，管路越扭曲、越细长，越是注重低转扭力输出、适用于转速区域较低的设计。而越笔直越粗壮，越是注重中、高转扭力输出、适用于转速较高的设计。

一般车型的进气歧管由节气门安装座、进气稳压室、歧管体、喷油嘴安装口、歧管口安装座五部分组成，大多由铝合金材料砂模铸造而成，近年也开始广泛使用塑钢一次成形。铝合金铸造而成的进气歧管（图2-25）存在内壁粗糙、铸模线明显，容易影响进气效率和气流顺畅性的问题。一种比较简单的改善方法是对进气歧管内壁进行抛光，不过由于一般进气歧管管体比较扭曲，很难进行完全彻底的抛光，提高进气效率幅度很有限。

图 2-25　进气歧管（进气铝管）

于是就出现了替换原厂型高性能进气歧管，这类进气歧管采用内壁光滑的等长等径渐变扩大的铝合金管路直接焊接在渐变收缩的侧漏斗形稳压室之上，可造就出近似均一的进气流量，而且喷油嘴安装位也更靠近发动机进气口，可大幅提高进气效率和动力输出。

不过需要注意的是更换这种进气歧管由于改变了原车的进气量，供油量如果不相应提高会导致发动机温度过高、爆燃、无法正常工作，有些车型会因进气传感器信号异常，致使行车电脑进入安全模式。因此，需要重新改写行车电脑管理程序，并对供油系统进行加强。

### 三、节气门的改装

节气门是节流阀的一般叫法，是通过不同的开启角度改变进气流量，使空气流量传感器感知到进气流量的传感信号，从而传送给行车电脑控制发动机转速的重要部件。一般车辆多为单一节气门形式，安装在进气歧管体口部，节气门采用可轴向开启的片状阀门来改变进气流量。节气门分为机械开启式和电子开启式，机械开启式由一条与加速踏板相连的钢索控制片状阀门的开启，优点是反应直接结构简单，缺点是动作精确度低、油耗高。电子开启式则由加速踏板上的步进电机以专用线组与控制节气门片状阀门的电机组成的控制单元进行控制。当踏下加速踏板时步进电机会将信号传至控制节气门片状阀门的电机，行车电脑会根据发动机的实际工况控制片状阀门的开启角度，做到准确合理的控制，从而使耗油量得到有效的控制，缺点是反应不够直接、结构较复杂。

为了提高进气系统的实际进气量，就出现了加大原厂节气门的改装方法。第一步是扩大节气门内径，第二步是加工出直径与节气门口内径完全相等的片状阀门，以保证密合度，防止回油迟滞、急速不稳的情况发生。还有就是对片状阀门转动轴进行削薄处理，以防止转动轴干扰进气流的稳定。除此之外，还要注意片状弹簧要采用和原厂一样的材质制作，防止阀门与阀体内壁因材料间膨胀系数不同产生密合度不良的问题，另外加工时还要预留出片状阀门转动时所需的约3°的坡度。

除了对原厂节气门进行另行加工，还有高性能大口径节气门可以选择，这类节气门经过专门的设计和加工，精密度更有保障。换装大口径节气门后，往往会出现流量计信号异常、行车电脑控制信号移位等情况，因此就需要对行车电脑管理程序进行修改。

多联装节气门（图2-26）就是多喉直喷系统，是指发动机的进气控制由一个以上的节气门负责，一般为每个气缸由一个节气门进行控制，目的就是可以大幅提高进气效率及发动机动力输出。多喉直喷系统主要分为两种主要形式：一类是适用于直列发动机的侧置式，一类是适用于V字形排布或水平对置排布发动机的上置式。一般多喉直喷系统以两个独立的节气门为一组安装在专用的进气歧管之上，（PORSCHE 的水平对置发动机和 V6 型发动机则以 3 个节气门为一组）由可同步控制开启的拉线组或电子节气门控制单元进行控制。

多喉直喷系统除了常规形式的片状阀门旋转开启式，还有用于纯竞赛用途的滑动阀门式，即节气门内的片状阀门采用滑动开启的方式，在阀门

图 2-26　多联装节气门

全开时节气门内是完全开放的，没有转动轴的干扰可进一步提高进气效率。滑动阀门式多喉直喷系统最大的缺点是需要预留出片状阀门打开时所需的空间，因此会占用较大的发动机室空间。但是，多喉直喷系统属于自然吸气发动机改装的终极改法，是在发动机内部经过全面强化改装后的情况下，最后需要改装的项目。只有少数原厂车型采用，原因是为了追求高性能所耗费的成本过大，目前只有 TOYOTA 在 COROLLA LEVIN 上、BMW 在 M3 上、法拉利在 355 等车型上使用这一技术。不过多喉直喷系统在赛车上应用很广泛，因为赛车追求的是极限动力输出，成本不是放在第一位考虑。

多喉直喷系统不能普及的另外一个原因是，耗油量过大，平均会比相同设计相同排气量的发动机高约 30%。而且多喉直喷系统最大的技术问题是，每个节气门的进气流量会随着时间的推移而逐渐变化，使进气量不一致，造成怠速不稳、动力输出严重不顺畅，因此需要定期使用专用的电子真空表组进行检查并及时进行校调使其恢复一致。

### 四、排气管的改装

排气系统的功用是以尽可能小的排气阻力和噪声，将气缸内的废气排到大气中。排气系统主要包括排气歧管、排气管以及消声器。废气从连接燃烧室的排气口，经由排气歧管、排气管前中段（包括三元催化转化器）和排气管尾段（俗称尾排），最后排放至外界空气中。降低进气阻力和排气阻力、提高气缸内压力、降低进气终了的温度、降低排气管内残余废气的压力、加大进气门面积都可提高发动机的容积效率，使发动机的功率和转矩相应增加，提高发动机的动力。所以，在排气系统的改装上，应尽可能扩大自由排气阶段气缸内和排气管内的压力差，充分利用排气惯性，降低排气阻力，降低排气管内残余废气的压力，减少残余废气的含量，最终使得排气顺畅、快速，提高容积效率，使车辆获得更好的动力性能。要让排气系统获得更高的排气效率，就要充分利用排气系统在工作时产生的回压（背压）和"吸啜"效果。发动机在工作时，排气系统输送的废气并不是连续不断的，而是一波一波的；汽车发动机的气缸数量越多或转速越高，废气波越密集。高压的废气波被高速排出气缸后产生的低气压便是回压。适量的回压可使排气系统内产生良好的吸啜效果。其原理是：若排气管直径适中，第一波被排出气缸的废气在膨胀后便会紧逼排气管内壁向下游快速排出，同时在上游部分产生一个低压区，吸啜发动机排出的第二波废气；而第二波废气在紧逼排气管内壁向外排出时在其后方产生的低压又在吸啜第三波废气，依此类推，使发动机不费劲地完成排气动作之余，排气效率也比完全不用排气系统更高，残余在气缸内的废气更少，而气缸内可容纳供燃烧用的新鲜空气也更多。所以，只有充分利用回压和吸啜效果，排气系统才能达至较高的性能。

原厂使用的排气系统是经过了厂家反复测试，出于车辆的动力性能、环保性能及燃油经济性与生产成本等多方面考虑设计出的产品，是与车辆的动力总成较为合理的搭配，尤其是对于动力较弱的小排量车型来说，原厂的排气通常不会太过顺畅，而这种设计反而优化了小排量发动机本

身低扭不足的特性,适当的回压会产生排气谐振效应,可以提高中低转速下的排气效率,更适合城市道路使用。而一些高性能车型,在原厂设计时就会用到回压较低的排气系统以提高发动机的最大输出功率,通常优化的排气歧管设计、直线型大直径管路、多出尾喉和响亮的排气声浪是它们的共同特点。

**1. 排气系统的改装技术要点**

在进排气系统改装中,排气系统的改装更为受到欢迎,因为排气系统尤其是其尾段,不但露于车外清晰可见,而且还可以发出慑人的音频和声响,是少数能直接为车主提供视觉与听觉双重感观刺激的改装部件。原厂的排气系统由于要顾及成本、噪声污染和各地不同的排放标准等限制,在设计时都会非常保守,并会在一定程度上因排气效率不高而限制了发动机的性能表现。所以,排气系统的改装也常常能为车主带来意想不到的收获。

(1) 排气系统的改装可遵循由浅入深的方法

1) 一般的排气系统改装,只涉及排气管的尾段,可适当加大排气管尾部的直径及改变消声器的结构形式,使得单位面积内通过的气流增加,从而使废气排放更为顺畅。最基本的改装就是在排气管的末端套上一个更为美观的不锈钢护套,其优点是价格便宜、安装方便,且不会对原车有任何影响。

2) 较深层次的改装可以锯掉原车排气管的尾段,在截断部位加焊特制尾喉,或者直接更换由不同品牌推出的原装专用车型尾喉。这种尾喉由不锈钢制成,它最大的特点是可以发出一种低频声音,音质虽然低沉,却很清爽。但如采用这种改装方式,车主就必须放弃原厂汽车排气管尾段。

3) 更深层次的改装重点在排气管的前中段和排气歧管。排气管前中段的改装涉及三元催化转化器和排气管内壁与直径的改装;排气歧管的改装涉及排气线路的安排。

(2) 排气系统不同组成部位的改装

1) 排气歧管。发动机燃烧后的高温废气首先进入排气歧管,由于它的形状呈扇形,也叫"芭蕉头"。排气歧管的改装一般是改装排气系统中最昂贵的部分,由于对长度、弯度和直径的严格要求,所以其开发和制作成本很高。但排气歧管的设计优良与否对整套排气系统的吸啜效果起着举足轻重的作用。原装排气歧管的材质一般是铸铁,有部分车厂会选用不锈钢,如 BMW (图 2-27)。原装的排气歧管因为是大批量生产,所以不止内壁很粗糙,甚至连排气歧管的长度都未必一致,

图 2-27 宝马 130i 换装纯手工打造的德国 Eisenmann 尾喉

于是就出现了所谓排气干涉的现象。改装后的排气歧管一般都是以不锈钢为材质,利用以下几个优点:

a) 耐高温、性能好;

b) 壁薄,所以整体质量轻;

c) 不锈钢管的内壁虽然不需要抛光打滑这个程序,但本身已经比原厂的生铁制品光滑不少,有利于废气的运动;

d) 易弯曲和切割,要实现等长的目的很容易,特别是涡轮增压的场合,使用不锈钢材质可以较容易安排其位置。歧管长度的等长化,其实对于功率提高有正面的影响,理论上各缸的工作次序和时间是一样的,如果排气管长度不一,各缸的排气效率一定会有偏差,降低了效率,而且各条歧管之间也存在着压力差,最终的结果必然就是排气脉冲混乱,功率与转矩输出就自然低下;而在涡轮增压发动机上,就是尽可能使废气侧涡轮扇叶受到定量、畅顺、持续的攻击,使涡轮工

作的转速上限、效率、稳定性大幅提高，从而可以提高增压压力。

以 4 缸发动机为例，如果将 4 根歧管直接合为一根，我们称之为 "4 出 1"。这种构造的排气歧管制造方便，占用空间小，被原厂广泛使用。缺点是 4 根歧管的交汇处容易因气流相互冲击产生回流漩涡，简单的理解就是交通堵塞，影响排气通畅。如果将 4 根歧管先两两相连，再合并，则称为 "4 出 2 出 1"，如图 2-28 所示。这种构造相比 "4 出 1" 不容易产生漩涡，排气更流畅。缺点是工艺复杂，占用空间大，一般都为改装件。

图 2-28　"4 出 2 出 1" 芭蕉头

传统概念是："4 出 1" 的设计会更适合高转速时的废气波动频率，有助于汽车在高转速时提升动力性能；而 "4 出 2 出 1" 的设计则更有利于低转速时的转矩输出，所以更适合日常市内工况行车之用。但现在很多最新设计的 "4 出 2 出 1" 排气歧管能同时改善发动机在中、高转速时的表现，所以更能满足用户全方位的要求。另外，"4 出 2 出 1" 的改装方法，需要拆卸原有排气管，安装新的排气管路，此时如选择较佳的排气管，就可以得到 "魅力十足" 的排气声及较高的排气效率，同时还能兼顾美观与耐用性。

2）三元催化转化器。三元催化转化器是控制废气有害成分的重要装置，主要净化发动机废气中的碳氢化合物（HC）、一氧化碳（CO）和氮氧化物（$NO_x$）等有害气体。有许多改装商为了尽可能减少排气阻力，便将三元催化转化器强行拆除，这不仅会令汽车排放超标，还可能使车内部分有自我诊断功能的汽车 ECU 发出错误信号，影响正常行车，因此建议保留原车的三元催化转化器。现在很多新款的三元催化转化器并不会对排气流速产生多少阻碍，可换一个改装专用的高性能三元催化转化器，但价格较高。

3）排气管。仅仅更换消声器不会使汽车的动力性能提高多少，但如果把整段排气管更换成高性能的型号，则会对动力的提升起到不小的作用（特别是发动机经过改装后）。高性能排气管比原装的直径大、内壁较光滑、弯曲度较小，这些设计使发动机在高转速时产生的大量废气能畅顺地高速通过，明显地提升了排气效率。但要注意的是，直径过大的排气管会影响回压效果并使废气降温太快，在减慢流速之余更减少了排气管的离地间隙，增加汽车被 "托底" 的机会。一般来说，如果发动机没有经过大幅度改装，排量在 2L 以下的自然进气发动机的排气管直径不应超过 50mm，而 2L 涡轮增压发动机的排气管直径也应为 70～80mm。

① 更换排气头段对动力的影响最显著，属于纯粹的性能改装。不过，它还要搭配相应档次的进气部件才能发挥作用。

② 中段排气管（图 2-29）是介于三元催化转化器和尾段排气管之间的部分，属于车辆排气系统三级消音的第二部分，中段排气管由连接管路、安装口、消声器组成，原厂的中段排气管采用镀锌铁板、铁管制成，消声器内部由回压隔板、吸音棉组成，中段排气管由螺栓或卡扣与其他部分相连。高性能中段排气管则采用不锈钢材料制成，消声器内部采用回转式回压隔板，配合不锈钢消音棉和玻璃纤维消音棉消音材料，可减少排气系统回压，使发动机中低转扭力更丰厚，提高整体加速反应，提高排气系统工作效率。中段排气管没有单独更换的必要，如需更换，则需要和消声器一起换。中段排气管原是系统中最便宜的部分，但加上了三元催化转化器后价位会有所升高。

图 2-29　中段排气管

③ 尾段排气管（图2-30）是排气系统中的最后一部分，也是排气系统三级消音中最后一级，其结构和中段排气管基本一致，原厂规格尾段排气管材料同样采用镀锌铁板、铁管制成，内部也是由回压隔板、和消音棉组成。高性能尾段排气管壳体也采用耐用、耐热的不锈钢材料制成，内部由回转式回压隔板使排气顺畅地排出，采用不锈钢消音棉内裹玻璃纤维消音棉，可在减少排气阻力的同时，保持发动机合理的低转速扭力输出，并大幅延长消音棉

图2-30 尾段排气管

的使用寿命，使排气管保持稳定的排气顺畅度的同时，能长时间保持正常的消音能力。

近年出现的钛合金尾段排气管，不仅耐高温、耐用性能得到大幅提高，排气效率也由于排气温度的提高而得到提升，而且钛合金尾段排气管质量轻，材料强度大，与同等规格的不锈钢尾段排气管相比，质量可减轻40%、管壁可以薄30%。但是，由于钛合金材料加工难度大，又需要使用激光焊接，故成本比不锈钢产品高近一倍。

### 五、消声器的改装

消声器很容易装配，改装起来很简单。原厂消声器结构是一根管把尾气导入复杂的金属石棉减噪减振材料中，充分消音，从另一端导出。高档的消声器用不锈钢（甚至是钛合金）制造，改装后的消声器比原装铸铁制造的更轻、更耐用，也更美观。消声器大致可分成两种：第一种是利用交错隔板造成反射波的方式来降低音量，原厂消声器几乎都是此种类型。其优点是成本低而消声效果好，缺点是排气阻力大而笨重。第二种为高性能型号中常见的、用玻璃棉等吸声材料来消声的吸声式。优点是限流少、质量轻，缺点是消声效果较低，因此一般都会有较大的排气声，但排气声的大小和发动机的性能并没有直接关系。另外，消声器末端的排气口直径也要配合前端排气管的直径，太大并不会有实际效果。在选购消声器时，如果只要求外观、大排气声和一般性能的提升，则很多较为便宜的国产改装用消声器即可胜任，但如果要求更高性能的提升，则可选择国外相关知名品牌的产品。

### 六、涡轮增压器的改装

发动机是靠燃料在气缸内燃烧来产生功率的，输入的燃料量受到吸入气缸内空气量的限制，所产生的功率也会受到限制，如果发动机的运行性能已处于最佳状态，再增加输出功率只能通过压缩更多的空气进入气缸来增加燃料量，提高燃烧做功能力。在目前的技术条件下，涡轮增压器是唯一能使发动机在工作效率不变的情况下增加输出功率的机械装置。涡轮增压器（图2-31）实际上是一种空气压缩机，通过压缩空气来增加进气量。它是利用发动机排出的废气惯性冲力来推动涡轮室内的涡轮，涡轮又带动同轴的叶轮，叶轮压送由空气滤清器管道送来的空气，使之增压进入气缸。当发动机转速增快，废气排出速度与涡轮转速也同步增快，叶轮就压缩更多的空气进入气缸，空气的压力和密度增大可以燃烧更多的燃料，相应增加燃料量和调整发动机的转速，便可增加发动机的输出功率。涡轮增压器的工作原理如图2-32所示。参加竞赛的跑车一般在发动机上装有涡轮增压器，以使汽车迸发出更大的功率。

涡轮增压器的最大优点是能在不加大发动机排量的情况下就能较大幅度地提高发动机的功率及转矩。一般而言，加装增压器后的发动机的功率及转矩要增大20%～30%。涡轮增压器的缺点是滞后，即由于叶轮的惯性作用对节气门瞬时变化反应迟缓，使发动机延迟增加或减少输出功率，

这对于要突然加速或超车的汽车而言,瞬间会有点提不上劲的感觉。

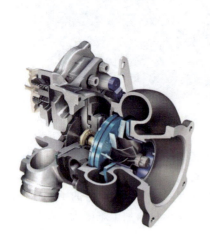

图 2-31　涡轮增压器

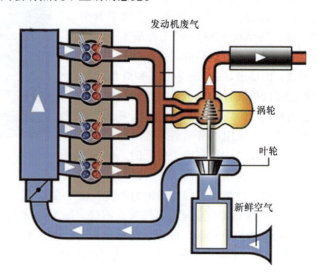

图 2-32　涡轮增压器的工作原理

**1. 涡轮增压器的改装步骤**

涡轮增压改装多是由专业汽车改装厂家,引进欧美等国的涡轮增压套件来改装的。除主要改装件涡轮增压器外,外围配件还包括中间冷却器、汽油压力调节阀、进气泄压阀、供油电脑及控制面板等。所有的改装工作均围绕这些部件进行。

1) 在排气歧管上安装涡轮增压器。涡轮增压的核心部件是涡轮增压器,它的作用是利用发动机排出的废气带动涡轮高速旋转,给来自空气滤清器的空气增压,以提高发动机的进气量。

2) 安装进气泄压阀。进气泄压阀安装在增压器上,当不需要增压时,一部分排气会通过泄压阀泄出而不进入涡轮增压器,当发动机转速达到 1700r/min 时,就会自动关闭泄压阀让排气流指向涡轮一侧,使涡轮转动。

3) 安装中间冷却器。中间冷却器可以安装在发动机散热器的前面、旁边或者另外安装在一个独立的位置上,它的波形铝制散热片和管道与发动机散热器结构相似,可将增压后的空气冷却下来,从而提高增压效果。

4) 在供油管路上安装汽油压力调节阀。其作用是提高供油管道的喷油压力,以提高喷油量。

5) 安装供油电脑及控制面板。供油电脑已根据加装增压器后的实际用油量,重新改写了发动机喷油量控制程序,与汽油压力调节阀一起增加供油量。在为车辆添加冷却液和燃油之后便要开始试车,以及对车辆电脑进行调校,清除故障码,以适应新的涡轮增压器。对于市区使用的车辆,改装时一定要考虑到日常使用的问题,不要追求极致。

加装增压器的价格并不算低,一般是车价的 10%~20%,当然如果嫌价格太高,也可选择少做一两个改装项目,比如不安装控制电脑等就可减少几千元费用,但不装控制电脑会使涡轮迟滞明显,即汽车动力输出滞后。

**2. 涡轮增压器改装的注意事项**

加装增压器的汽车对发动机也有一定的要求,并不是所有的车型都是可以通过加装涡轮或是更换更大的涡轮来达到提升动力的目的。比如,必须是电喷发动机;每个气缸的缸压与出厂时相比,不得超出 $0.5 \text{kg/cm}^2$ 的偏差,否则说明气缸已磨损严重,不适合加装增压器。发动机舱空间、缸体承受能力、安装匹配度等问题都会给施工或日后的使用造成问题。

自吸的发动机和涡轮增压的发动机,在原厂对发动机内部零件的加工强度是不一样的,一般来说，带涡轮增压器的发动机由于风多油少，在气缸内的爆炸力也要远远高于自吸发动机，对活塞以及曲柄连杆机构的负担更大，因此发动机的内部零件强度要高于自吸发动机的内部零件强度。由于自吸改装外挂涡轮，涡轮的整个控制机构，在进气方面属于机械控制，是靠泄压阀来解决收加速踏板的时候，进气总管内的剩余压力，同时还会对节气门造成一定冲击，当进气泄压阀因外部原因无法正常打开时，会造成进气总管压力过大进而影响到节气门，使其弯曲变形，接下来就是高压将每缸的气门顶开，最严重的结果是造成发动机爆缸。

另外就是散热，众所周知，涡轮增压对发动机造成最大的困扰就是高温，那增压发动机自然就会有更好的散热能力。所有涡轮增压发动机在活塞下方都会配备机油喷嘴，来给每个活塞降温。气缸水道的设计也有很大的区别，一般涡轮增压发动机中缸的水道总长度远长于自然吸气发动机（图2-33）。

由于水道的区别，会使自然吸气发动机安装涡轮增压之后造成燃烧室高温和排气高温，并且增加爆燃的现象，因此排气气门的寿命会急剧缩短。在经过了增压之后，发动机在工作时候的压力和温度都会大幅升高，因此发动机寿命会比同样排量没有经过增压的发动机要短，而且机械性能、润滑性能都会受到影响，这样也在一定程度上限制了涡轮增压技术在发动机上的应用。其他缺点还有"迟滞性"，不过目前经过技术改进，发动机在较低转速时增压器就可以介入，"迟滞性"感觉已很小。现在，除了单涡轮发动机外，很多运动型车为追求高性能还会搭载双涡轮（图2-34）甚至四涡轮发动机。

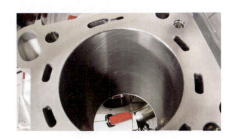

图2-33 战神心脏VR38DETT采用的是封闭式水道设计

图2-34 GReddy推出的日产370Z双涡轮增压套件

除此以外，还应该进行车架强化，在传统意义上车架本身的强化以外，传动系统、制动系统和行驶系统都要随之作出相应的调整。车架强化上，包括了一些很常规的动作，如加塔顶撑杆（Town-Bar）、车内撑杆（Room-Bar）、防倾杆（Stabilisator）等。动力输出的提高，必然导致原来的传动系统不堪重负，轻则烧离合，重则断传动轴。制动系统同样非常重要，现在许多品牌的动力提升套件中就包含了一套制动碟加制动卡钳，由此可使车辆行得快停得住。

如果发动机转速无限制地提升，或是冲击排气侧涡轮扇叶的脉冲过于频繁时，那扇叶的速度也会提高，会造成进气压力也无限提高。为了限制涡轮增压器的增压值，所有装有涡轮增压的车辆都会安装一只"涡轮增压值控制器"来锁定增压值，其工作原理就是通过外接的真空阀，利用外置式电脑跨接原厂电脑内控制旁通阀开关的信号，在设定的增压值下打开旁通阀，排出废气降低增压压力，保护涡轮和发动机。

**3. 使用涡轮增压器的注意事项**

由于涡轮增压器经常处于高速、高温下工作，增压器废气涡轮端的温度在600℃左右，增压器转子以高速旋转，因此为了保证增压器的正常工作，使用中应注意以下几点：

1）汽车发动机起动之后，不能急踩加速踏板，应先怠速运转3min，这是为了使机油温度升高，流动性能变好，从而使涡轮增压器得到充分润滑，然后才能提高发动机转速，起步行驶，这点在冬天显得尤为重要，至少需要热车 5min 以上。

2）发动机长时间高速运转后，不能立即熄火。原因是发动机工作时，有一部分机油供给涡轮增压器转子轴承润滑和用于冷却的，正在运行的发动机突然停机后，机油压力迅速下降为零，机油润滑会中断，涡轮增压器内部的热量也无法被机油带走，这时增压器涡轮部分的高温会传到中间，轴承支承壳内的热量不能迅速带走，而同时增压器转子仍在惯性作用下高速旋转。这样就会造成涡轮增压器转轴与轴套之间"咬死"而损坏轴承和轴。此外发动机突然熄火后，此时排气歧管的温度很高，其热量就会被吸收到涡轮增压器壳体上，将停留在增压器内部的机油烧成积炭。当这种积炭越积越多时就会阻塞进油口，导致轴套缺油，加速涡轮转轴与轴套之间的磨损。因此发动机熄火前应怠速运转 3min 左右，使涡轮增压器转子转速下降。此外，值得注意的就是涡轮增压发动机同样不适宜长时间怠速运转，一般应该保持在 10min 之内。

3）选择机油的时候一定要注意使用原厂规定机油外还可以选用合成机油、半合成机油等高品质机油。由于涡轮增压器的作用，使进入燃烧室的空气质量与体积有大幅度的提高，发动机结构更紧凑、更合理，较高的压缩比，使发动机的工作强度更高。机械加工精度也更高，装配技术要求更严格。所以在选用涡轮增压轿车车用机油时，就要考虑到它的特殊性，所使用的机油必须抗磨性好，耐高温，建立机油油膜快，油膜强度高和稳定性好。而合成机油或半合成机油恰好可以满足这一要求。

4）需要按时清洁空气滤清器，防止灰尘等杂质进入高速旋转的压气叶轮，造成转速不稳或轴套和密封件加剧磨损。

5）需要经常检查涡轮增压器的密封环是否密封。因为如果密封环没有密封住，那么废气会通过密封环进入发动机润滑系统，将机油变脏，并使曲轴箱压力迅速升高。此外，发动机低速运转时机油也会通过密封环从排气管排出或进入燃烧室燃烧，从而造成机油的过度消耗产生"烧机油"的情况。

6）涡轮增压器要经常检查有无异响或者振动，润滑油管和接头有无渗漏。

7）涡轮增压器转子轴承精密度很高，对维修及安装时的工作环境要求很严格，因此当增压器出现故障或损坏时，应到指定的维修站进行维修。

任务实施

| | 图片及介绍 |
|---|---|
| 原车 | |
| 改装后 | |

项目二　汽车发动机系统改装

（续）

| | 图片及介绍 |
|---|---|
| 改装后 |  |
| 任务分析 | EVO 进气系统采用 Blitz 冬菇头套件，搭配 Apexi 头段排气管、FGK 藤壶中尾段排气管、DeatschWerks 255L/h 燃油泵、Tomei 进气泄压阀、Apxi 排气泄压阀，以及 Blitz 加大铝制散热器等套件，用以提升强化发动机周边系统的效率，促使发动机动力稳定输出 |

| 任务名称 | 进气与排气系统的改装 | 学时 | | 班级 | |
|---|---|---|---|---|---|
| 学生姓名 | | 学生学号 | | 任务成绩 | |
| 实训设备 | | 实训场地 | | 日期 | |
| 任务描述 | 赵先生想把自己的爱车进行一番改装。但是不知道汽车进气与排气系统改装的方法，也不知道自己的爱车应该如何改装。你能告诉他关于汽车进气与排气系统改装的方法吗？ ||||| 
| 任务目的 | 以行动为导向，引导学生学习，按照法律法规制订改装方案 |||||

一、简答题

1. 高性能空滤有哪几种？


2. 进气道的改装应从哪三个方面着手？


3. 不锈钢排气歧管有哪些优点？


二、检查

任务完成后，进行如下检查：

1. 检查仪器、工具、设备是否复位：_____。
2. 检查场地是否清洁：_____。
3. 检查任务工单是否填写完整：_____。

三、评估

1. 请根据自己任务完成的情况，对自己的工作进行自我评估，并提出改进意见。

1) _____

2) _____

(续)

2. 工单成绩（总分为自我评价、组长评价和教师评价得分值的平均值）

| 自 我 评 价 | 组 长 评 价 | 教 师 评 价 | 总　　分 |
| --- | --- | --- | --- |
|  |  |  |  |

## 任务六　点火系统的改装

### 任务导入

王先生将自己爱车的发动机的单极火花塞改装成了多极火花塞，改装后发动机性能提升得不明显。那么，问题究竟出在哪里呢？在点火系统的改装过程中需要注意哪些问题呢？

### 知识准备

点火系统在发动机运转时所扮演的角色，是在发动机任何转速及不同的负荷下，均能在适当的时机提供足够的电压，使火花塞能产生足以点燃气缸内混合气的火花，让发动机得到最佳的燃烧效率。

点火系统的基本装置包含了电源（电瓶）、点火触发装置、点火正时控制装置、高压产生器（点火线圈）、高压电分配装置（分电器）、高压导线及火花塞。

现代的点火提前装置则已改由发动机电脑所控制，电脑收集转速、进气歧管压力或空气流量、节气门位置、蓄电池电压、冷却液温度、爆燃等信号，算出最佳点火正时提前角度，再发出点火信号，达到控制点火正时的目的。

在点火系统的改装之前，必须先了解点火系统是否仍具有维持原设计的性能，确认之后再进行改装。

（1）火花塞是否定期更换　火花塞的寿命约为 10000～40000km。

（2）冷热值是否正确　这可由拆下的火花塞电极状况判断，太冷的（散热能力太好的）电极会出现黑色积炭，太热的电极则会呈现白色、电极熔蚀、陶瓷裂开等状态。

（3）高压导线　是否破损漏电。

（4）蓄电池电压　装了高功率的音响扩大机后，是否配合换用容量较大的蓄电池。

（5）点火正时　是否作了正确的调整。

点火系统的改装是为补原有点火系统的不足，改装的目标在于缩短充磁所需时间，提高二次电压，降低跳火电压，延长火花时间，减少传输损耗。其方法可由以下几个方向着手：更换火花塞、点火高压线、点火模块等。

### 一、点火线圈的改装

点火线圈（图 2-35）通常装于发动机室中，利用线圈电磁感应原理，将低压电（12V）升高至可点燃火花塞的高压电（15～20kV）。

点火线圈的工作原理类似于普通变压器，它们都有相同的基础构件（一次线圈和二次线圈），并通过电磁感应的原理来改变电压。两者所差异的是，普通变压器的变压对象是交流电，而点火线圈是通过对直流电的连接和断电的变化来变压。

当前，汽车点火线圈技术正朝着具有封闭磁路的点火线圈发展。封闭磁路的点火线圈具有漏磁少、线圈小、质量轻、防潮耐热、耐振、耐击穿和工作可靠的优点。

点火用的高压电流是由高压线圈所产生，改用线圈材质较佳或一、二次绕组匝数比值较高的高压线圈，均能产生较高的高压电流，并且能承受较高的电流输出负荷。点火电压的提高对电火花时间的延长有直接、正面的影响。点火线圈的改装主要包括以下两个方面：

图 2-35　点火线圈

（1）**改用高能点火线圈**　为了节约成本，原厂车搭载的点火系统都较为简单，有镀金层的高性能点火线圈，其电阻更小，更利于电流通过，线圈充磁时间更短，输出电压更强，放电时间更长，高频率下（高转速）具有更稳定的点火性能，能把能量损失减到最小。除了对线圈升压效能控制得更加严谨以外，线圈本身还相当于一个电容，可以帮助电压输出更加稳定。原厂线圈的点火强度与强化点火线圈点火强度的对比如图 2-36 和图 2-37 所示。

图 2-36　原厂线圈点火强度

图 2-37　强化线圈点火强度

以直列 4 缸独立点火的形式为例进行说明，其他诸如水平对置发动机、双点火、6 缸及其他多缸等形式的点火构造，操作原理相同，但施工难度略高。直接替换式的高性能点火高压包，市售产品多为同宗同源的 OKADA Projects 和 Ignition Projects，其换装方式极其简单：按步骤拆除遮盖或阻碍更换的高压包的盖板和线束，然后将固定高压包的螺母拆除，抓紧高压包的头部将其拔出，然后将高性能高压包及之前拆除的"障碍物"按顺序装回即可。

对于国产强化点火线圈，它们的更换手法大体相同，均需要把原装高压包拆出，不同的是强化点火线圈还需要将点火高压包单元进一步分解，视不同型号将高压包下方的点火杆拆除，换上替换的高性能产品；又或者拆除点火杆的一定部分，重新放入镀金的线圈和点火杆部分，组合完毕之后再装回原位。而电子整流就更加简单了，只需要简单将电子整流本体的正负极对应连接到汽车的蓄电瓶上面，将地线连接到车身、发电机以及发动机缸体导电金属部分上面即可，比较讲究技巧的是如何在接线完毕之后整理出一个比较适合和美观的摆位。

（2）**改用电容放电式点火系统**　火花塞用的高压电源来自车上的点火线圈，原厂系统大都是电感线圈放电系统，这个设计的弱点是储存电能需要一个较长时间，在高转速时系统会因充电时间不足而使火花塞能量变弱，令发动机损失动力。针对此问题，最根本的改善方法是换成电容放电式点火系统，但它只适用于重改装和赛车改装，对于一般车把原厂的线圈换成 E 型铁心的闭式线圈更为方便与有效。

电容放电式点火系统就是利用每次的点火间隔，将点火能量储存于电容器的电场中，点火时再一次释放，因此比起传统的点火系统能产生更大的点火能量。

电容放电式点火系统的相关产品中，知名度较高的有 ULTRA、MSD，其中特殊的要算是 MSD（Multi Spark Discharge），即多重火花放电。它在一次点火放电的过程中可产生多次连续的高压放电，具有极高的点火能量（可达一般点火系统的十倍）。如此高的点火能量可大幅延长火花时间，也由于点火能量（电流）的大幅增加，因此必须配合将火花塞的电极间隙适度的加大，让点火能量能（电流）在一次的点火时间正好消耗完，否则未能消耗的能量可能会寻找其他的方式消耗，其中可能的是在点火系统的其他电路中取一最短的路径，如此一来点火系统将会烧毁。

## 二、点火高压线的改装

点火高压导线（图 2-38）将高压线圈所发出的高压电流传输给火花塞。一组优良的高压导线必须具备最少的电流损耗及避免高压电传输过程产生的电磁干扰。

一般车上的高压导线由于包覆材质所限，因此设计成约有 5kΩ 的电阻值，以防止电磁干扰，但这电阻值确会降低导线的传输效率，造成电流的损耗。若将导线包覆的材料改为矽树脂，则干扰的问题可获得解决，电阻值也可大幅降低，高压电流因传输而造成的损耗也可降低。

## 三、火花塞的改装

换火花塞是改装点火系统最容易的第一步。火花塞的功用是实现最终点火，高压包升压后，数万伏的电压击穿火花塞上两个极点之间的空气产生电弧，以此来点燃气缸内的压缩混合气，完成做功行程。从结构来看，火花塞是由顶端的高压帽，中间的绝缘材料体，传导高伏电压的接线螺母，接线螺杆，下部与气缸盖相连接的螺钉，贯穿整个火花塞的中心电极，以及与外壳相连、最终接地的侧电极构成，如图 2-39 所示。

图 2-38　点火高压导线

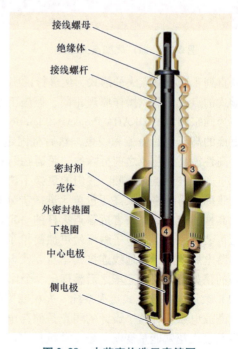

图 2-39　火花塞构造示意简图

另外，火花塞的又一重要作用是把气缸内的热量带走，以维持一个适当的工作温度，如果温度太高会损蚀火花塞的电极和绝缘体，而被烧红了的火花塞会引发早燃和爆燃现象；如果温度太低，附着在火花塞表面的油就不能充分燃烧，容易形成积炭，使火花塞产生不了火花。因此，不同冷热度的火花塞会用于不同特性的发动机上。在一般的轻微改装下不需要改动火花塞的冷热度，只有在重改装后发动机经常在高温下运作，才需要改用冷度较高的火花塞。随便改用赛车用的火花塞只会制造积炭，令发动机出现乏力和转速不顺的现象。

**1. 火花塞改装的几种途径**

（1）换用贵金属电极材料的火花塞　这里面的出现的金属实际是指火花塞的电极材质，常见的电极材质有镍铜合金、镍锰合金（原厂火花塞一般用这两种）以及一些稀有金属铂金、铱金等。几种材料中，铱金的熔点比其他几种材质高出很多（2454℃），能够承受更高的温度而不至于将电极融化烧毁，同时它的硬度也比其他的材质高出很多，这意味着用铱金制作电极可以把中心电极直径做得更小，使点火更为集中，能量更强。升级高性能点火系统之后，建议更换优质的铱合金高性能火花塞（图2-40），点火效果更佳，寿命更长。

（2）选用合适点火间隙的火花塞　点火间隙（图2-41）是指中心电极到侧电极的最小距离。一次成功的点火分为三个时期：点燃期、扩散期和蔓延期，其中扩散期是最重要的时期，火核在此时形成。从理论上讲，点火间隙越大，火核蔓延空间大，形成的火核也就越大，表现为点火能量越高，使油气混合物燃烧得更充分，但更大的点火间隙所需的点火电压也更高。若所需电压超出了点火线圈的输出电压范围，反而适得其反，造成火花塞"失火"现象，同时点火线圈一直处于超负荷运行状态，导致线圈损坏。因此，在更换火花塞时要注意参考原厂的点火间隙数据，过大或过小的点火间隙都会影响火花塞的点火状态。

图2-40　铱金高性能火花塞

图2-41　点火间隙

（3）选用合适热值的火花塞　热值是衡量火花塞散热能力的一个指标，一般会标注在火花塞的包装盒上。标定的数值越小，火花塞的耐热温度越高，适合低压缩比发动机使用；数值越大表示火花塞散热能力越强（冷型火花塞），适合高转速高压缩比的发动机使用。一般日系火花塞热值随标号递增而正向递增，但欧系如博世火花塞却正好相反。

热值的选择也得参考原车火花塞的热值，过高的热值意味着火花塞散热能力过强，会导致缸内热量不足，降低油气混合物的燃烧效率，时间久了还会导致积炭，影响火花塞的点火效率。而热值过低，长期处在高温环境下的火花塞会因为散热能力不足而导致烧毁，因此正确的热值至关重要。

选择火花塞可依据发动机的压缩比、转速和空燃比。高压缩比发动机需要使用耐温度高的火花塞；反之，低压缩比发动机使用的火花塞耐温度也要相应的低一些。普通火花塞的耐温度为6～7度。改装车辆因为动力提升，所以火花塞也需要提高一点耐温性。以欧系火花塞为例，一般原厂使用7度火花塞，改装后应该降低1度使用6度火花塞。

较冷的火花塞的制作比一般产品更加精良，所以在发动机高转速时，它能保证点火的准确性和点火质量，从而保证发动机极限时的最大功率。另外，其电阻也被控制得非常小，点火次数的频繁丝毫不因转速的升高而有所遗缺。所以，使用度数较高的火花塞对习惯拉高发动机转速换档或"飚车"族是大有裨益的。但是如果改用过高度数的火花塞，那么就会出现起动困难，低速不稳的情况。具体而言，在亚热带地区，5度~8度的火花塞比较合适（普通汽车使用5度~6度、可改为6度、7度、8度，具体要视实际装车后反应而定，市区使用一般建议最高7度为准），而9度以上的则只有在酷热的天气下的赛车才用得上。火花塞上只标有国际或厂内标准的代号编码，它表示了结构形式、热值度数等信息。但一般消费者是无法辨认这些的，所以在购买前请向商家询问清楚。

（4）**换用多极火花塞**　单极和多极火花塞，实际上是指火花塞上侧电极的数目，一个侧电极为单极火花塞，多个侧电极为多极火花塞。多极火花塞则是通过在侧电极增加的同时增加了电极之间的相对面积，因此可以减少中心电极与侧电极之间的间隙。这样一来，低速时由于有多个侧电极，产生点火能量可以满足低速时的点火需求，高速时由于间隙变小，失火率减低，满足高速时的点火需求。

多极火花塞由于侧电极比较多，所以散热性能较单极火花塞较好。我们在改装火花塞时，如果其他部件不相应进行修改，仅仅更换多极火花塞，那么它较大的散热量会影响发动机性能。改装火花塞的时候，需要考虑众多因素，对发动机的其他部件进行相应调整（如调整点火电压，修改电脑等等），注意各方面性能的匹配才能将多级火花塞的优势真正体现出来。

（5）**其他参数**　除了上述参数，还有一些细节方面的问题值得注意，如火花塞的螺纹螺距、螺纹长度、外方大小等。

**2. 改装火花塞后的检查**

当换新一组火花塞并使用一段时间后（1000km左右），可自行拆除火花塞，并由点火电极部分的颜色来做辨别火花塞是否安装合适。

若颜色呈现焦黑状，代表所使用的火花塞冷值太高，导致点火延后，燃料燃烧不完全，这时就必须将火花塞更换为热型趋向的产品以符合正确的点火时间，达到良好的点火效率。

当电极部分呈现白色状时，代表的则是所选用的火花塞冷值不够，导致发动机的工作温度非常高，进而对周边机件的耐用度会产生影响，此时则必须选用较冷的火花塞产品，让火花塞的导热效率提升。

火花塞最恰当适用的判别方法，是以电极部分呈现淡淡的黄褐色时最为理想。因为此时代表发动机在点火时的冷、热值都刚好，导热效率也很恰当，是对于发动机输出功率最理想的情况。

## 四、点火增强器的加装

汽车高能点火增强器属于一种汽车所需的点火装置，其特点是用高频升压电路通过整流给电容充电，晶体管串联在点火线圈与地之间，由于电能是连续的，不间断地给电容充电，再加上晶体管的导通时间很短，故该装置具有放电迅速、能量充足、打出的火花粗壮、明亮，可在各种不同的条件下燃烧，经试车可节油8%~15%，并具有结构简单，连接方便等优点。

图2-42　点火增强器

## 五、其他系统的配合

点火系统改装后可能面临的是供油量不足的问题,尤其在高转速下,若不能解决则可能导致发动机过热问题,因此供油系统必须视点火系统改装的程度,适度地提高供油量。

以 MSD 的改装为例,其附属配件就是一个调压阀,在不更改供油系统其他组件的情况下增加供油量。任何改装的成败及优劣,决定在改装后与其他系统的配合程度,单方面的加强某一部分,只会加速其他部分的损耗。成功的改装是在促成各机件均衡谐调运作的前提下,不但要高效率,更要高度平衡性。

| | 图片及介绍 |
|---|---|
| 原车 | |
| 改装后 | |
| 任务分析 | 高性能点火线圈更换示范,车型 2015 款飞度(GK5)。将原厂高压包拆出后,再分解为高压包和点火杆(点火线圈部分),再将改件及其内部的镀金线圈更换上去。4 支换装完成后,按原顺序安装回位即可<br>产品特性<br>1)提升功率:强大点火提高燃烧效率,增加功率和转矩。<br>2)降低排放:充分燃烧缸内汽油,减少尾气排放。<br>3)降低油耗:让喷入缸内的汽油高效转化为功率,充分利用燃油 |

| 任务名称 | 点火系统改装 | 学时 | | 班级 | |
|---|---|---|---|---|---|
| 学生姓名 | | 学生学号 | | 任务成绩 | |
| 实训设备 | | 实训场地 | | 日期 | |
| 任务描述 | 小孙是一位私家车的车主，他想把自己的爱车进行一番改装。但是不知道汽车点火系统改装的方法，也不知道自己的爱车应该如何改装。你能告诉小孙关于汽车点火系统、改装的一些知识吗？ | | | | |
| 任务目的 | 以行动为导向，引导学生学习，按照法律法规来制订、改装方案 | | | | |

一、简答题
1. 点火系统的基本装置包含哪些？

2. 点火系统改装的目的是什么？

3. 火花塞改装有几种途径？

二、检查
任务完成后，进行如下检查：
1. 检查仪器、工具、设备是否复位：_____。
2. 检查场地是否清洁：_____。
3. 检查任务工单是否填写完整：_____。

三、评估
1. 请根据自己任务完成的情况，对自己的工作进行自我评估，并提出改进意见。
1) _____

2) _____

2. 工单成绩（总分为自我评价、组长评价和教师评价得分值的平均值）

| 自 我 评 价 | 组 长 评 价 | 教 师 评 价 | 总　　分 |
|---|---|---|---|
| | | | |

## 项目三 汽车底盘系统改装

### 目标与要求

通过完成本项目,应达成以下目标及要求:
1. 能够了解汽车底盘系统改装的定义及分类。
2. 能够了解汽车传动系统改装的基本知识。
3. 能够了解汽车行驶系统改装的基本知识。
4. 能够了解汽车制动系统改装的基本知识。
5. 能够了解汽车底盘系统改装配件的选购方法。

### 任务一 传动系统的改装

#### 任务导入

小王是一位私家车主,据他反映,他的爱车在五档高速行驶时,速度不尽人意,噪声也较大,他想对爱车的底盘传动系统进行改装,你能介绍一些有关知识吗?

#### 知识准备

一般来说,汽车的原装底盘就能够满足普通汽车用户的要求,如不是赛车迷、越野迷等则不需要对底盘进行改装。但是如果车主热衷于赛车和越野,改装底盘是提升性能的必要途径。汽车底盘改装的主要内容:

1) 传动系统的改装主要有离合器、变速器、差速器等零件的改装。
2) 行驶系统的改装主要有轮胎、轮辋、悬架等零件的改装。
3) 转向系统的改装主要有转向盘等零件的改装。
4) 制动系统的改装主要有制动器等零件的改装。
5) 其他保护的改装主要有底盘保护、防倾杆、底盘塑封等零件的改装。

#### 一、离合器片的改装

一般的汽车改装都不需要改装离合器。如果是改动了发动机,而且发动机的动力有很大的提升就可能需要改装离合器了。这是因为发动机动力提升之后,原厂离合器往往因为打滑而无法准确输出动力,此时要让增加的动力完全释放,就必须改装离合器。

**1. 离合器片的分类**

高强度离合器片根据所使用的材质不同,一般分为:有机离合器片(图3-1)、紫铜离合器片、金属离合器片和碳纤维离合器片（图3-2）。有机离合器片对应功率为300马力（1马力=735.5瓦即1PS=735.5W）左右，紫铜离合器片和金属离合器片对应功率为400马力。高强度离合器片能够承受更强的发动机功率，但还是有限，所以很多厂家通过增加离合器片的数量变相增加摩擦面积来增强承受能力，常见的有双片式离合器，很多赛车上甚至安装了三片式离合器和四片式离合器（图3-2）。其中双片式离合器对应功率为600马力左右，四片式离合器对应功率一般为1000马力左右。在材质方面，有机离合器片静音表现很好，但是脚感和轻量化方面表现一般。碳纤维离合器片在脚感和轻量化方面表现很好，但是噪声较大。在构造方面，单片式离合器反应很快，但是耐高温能力和对应功率较低。双片式离合器耐高温能力更强、对应功率更高、脚感更加舒适，而且能够相对柔和的传输动力，但是反应较慢，在起步时甚至会出现打滑现象。

图3-1 有机离合器片

图3-2 碳纤维四片式离合器片

下面以多片式离合器为例进行介绍。多片式离合器有扩大摩擦半径的效果，比如从一片式离合器换成两片式离合器，就能把离合器的最大转矩提高一倍左右，而且其体积和质量可以做得比一片式离合器更小，如AP公司为F1赛车设计的多片式离合器（图3-3）其以不到10cm的直径和3kg多一点的质量来传送近1000马力。

简单来说，离合器技术可以分为两个不同的部分。离合器片上的接触面（点）数量是非常重要的一部分，平时所说的"三爪""六爪"和"整面"，指的就是这个，这些从字面意思就能明确每种离合器表面的样子（图3-3、图3-4）。另一部分，就是常说的"单层（片）""双层（片）"

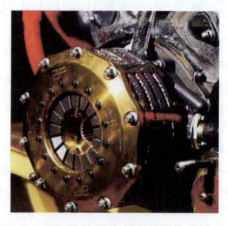

图3-3 AP公司为F1赛车设计的多片式离合器

和"三层（片）"（图3-5）之类的词，指的是离合器里面存在离合片的数量从理论上讲，越多的离合片就会获得越多的表面面积来传送转矩，较大的表面面积，在承受更高力量的时候，离合器片本身就能够在打滑前将力量完全承受住。

**2. 离合器改装的方法**

离合器跟制动系统很相似，都是靠不同物质间的摩擦力来工作的。在释放离合器时，离合器片（摩擦盘）会被压到发动机飞轮的表面上，两者之间的摩擦力把它们紧紧地连在一起，从而达到传送动力的作用。离合器可传递的最大动力（转矩）是由离合器片的摩擦半径、摩擦系数、摩擦面压强和离合器片数量等因素决定的。一般来说，离合器的直径越大便能传递越强的动力，但由于离合器片的摩擦半径受空间和飞轮大小的限制，通常没有很大的改动余地，因此生产高性能离合器的改装商首先要考虑的就是摩擦盘的摩擦材料。和改换高性能制动片的道理一样，摩擦盘

项目三　汽车底盘系统改装

图 3-4　六爪离合器片与配套的压盘

图 3-5　四爪离合器片与配套的压力盘

（摩擦材料）的摩擦系数越高，摩擦力便越大，即可承受和传送的动力便越大。其次，可以提高离合器动力承受值的方法是加强压盘弹簧的硬度（K数），即以更大压力把离合器片压向飞轮，因为压到飞轮上的压力（压强）越大，能产生的摩擦力也越大。大部分改装用的高性能离合器都是用以上其中一种或是双管齐下的强化方式来提升输送动力的能力和减少动力流失，带来的负面效果是离合器的接合动作不及原装顺滑和离合器踏板较重。

## 二、自动离合器的改装

### 1. 自动离合器的定义

自动离合器，也被称作自动离合控制系统（图3-6），是针对手动档车型研发的一种智能离合器控制系统。在不改变原车变速器和离合器的基础上，通过加装一套独立系统，由微电脑来控制离合器的离合，从而达到"开车不用踩离合"的效果。

液压式自动离合器在通用的膜片离合器的基础上增加了电子控制单元（ECU）和液压执行系统，将踏板操纵离合器液压缸活塞改为由开关装置控制电动液压泵去操纵离合器液压缸活塞。变速器控制单元（ECU）与发动机控制单元（ECU）是集成在一起的，根据加速踏板、变速器档位、变速器输入/输出轴转速、发动机转速、节气门开度等传感器反馈的信息，计算出离合器最佳的接合时间与速度。

自动离合器的执行机构由电动液压泵、电磁阀和离合器液压缸组成，当ECU发出指令驱动电动液压泵，电动液压泵产生的高压油液通过电磁阀输送到离合器液压缸。通过ECU控制电磁阀的电流量来控制油液流量和油液的

图 3-6　液压自动离合器

通道变换，实现离合器液压缸活塞的移动，从而完成汽车起动、换档时的离合器动作。

### 2. 自动离合器的分类

传统离合器分有拉索式和液压式两种，自动离合器也分为两种：机械电机式自动离合器和液压式自动离合器。机械电机式自动离合器的ECU汇集加速踏板、发动机转速传感器、车速传感器等信号，经处理后发送指令驱动伺服电机，通过拉杆等机械形式驱使离合器动作；液压式自动离合器则是由ECU发送信号驱动电动液压系统，通过液压操纵离合器动作。

### 3. 自动离合器的工作原理

自动离合器主要是通过机械、电子、液压实现自动控制离合器分离和接合的独立系统，由离合器驱动机构、控制单元（ECU）、档位传感器、线束、显示语音单元等部件组成，主要针对手动

档车型设计，加装时不改变原车结构。控制单元（ECU）根据车辆状态（车速、转速、节气门、制动、换档）结合驾驶人的意图，模拟最优秀的驾驶技术，用最佳的时间与速度控制离合器驱动机构，使离合器快速分离和平稳接合，达到起步与换档平顺舒适，同时避免了空油与熄火；通过语音提示引导驾驶人正确操作，在保持手动档车型驾驶乐趣的同时，达到减轻驾驶疲劳，降低汽车油耗，保护发动机的目的。

#### 4. 自动离合器的主要功能

自动离合器的主要功能如下：

1) 档位显示：用数字、字母显示档位或故障码；
2) 换档离合：换档时离合器自动分离、接合；
3) 起步爬行：起步时，不踩加速踏板也能够自动慢速行驶；
4) 制动离合：制动过程中离合器依据工况适时自动分离、接合；
5) 熄火保护：转速过低时离合器自动分离，依据工况适时接合，因此任何档位停车都不会熄火；
6) 误操作保护：换档错误时档位闪烁，离合器断续接合或分离；
7) 自动调整：离合器操纵装置自动补偿摩擦片和机械构件磨损；
8) 智能控制：电控单元自动优化调整运行参数；
9) 故障检测：自动离合器自动判别故障，并储存故障码备查；
10) 模式选择：自动离合器独有八种模式选择，有标准模式、舒适模式和运动模式等，同时可以自由调快一档起步的速度。

#### 5. 自动离合器改装实例

自动离合器改装步骤及图示，详见表3-1。

表3-1 自动离合器改装步骤及图示

| 序号 | 操作步骤 | 图示 |
| --- | --- | --- |
| 1 | 全套自动离合器产品 |  |
| 2 | 未安装前 | 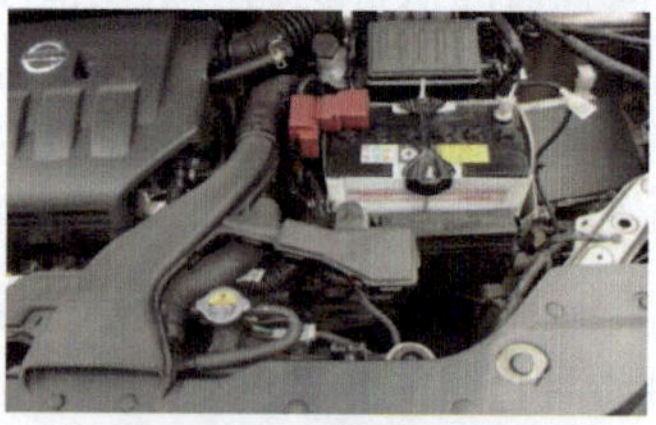 |
| 3 | 开始作业，把车的右面电池分拆下 |  |

项目三　汽车底盘系统改装

（续）

| 序　号 | 操作步骤 | 图　示 |
|---|---|---|
| 4 | 电池、进气格、进气管 |  |
| 5 | 驱动机构的安装 |  |
| 6 | 油管油壶的安装 |  |
| 7 | 车内线路调整及安装 |  |
| 8 | 自动离合器控制电脑的安装 | 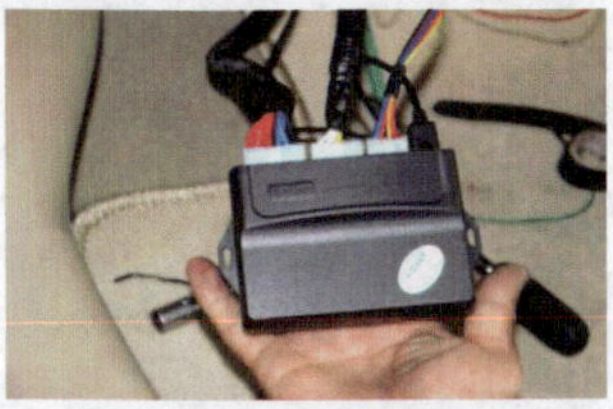 |
| 9 | 档位传感器的安装 |  |

## 三、变速器的改装

一类是手动变速器与自动变速器互换,这类较为常见。原汽车厂家对量产车一般都配有自动变速器和手动变速器,用户在买车的时候就选好了要哪种变速器,不过由于某种原因,客户要求把手动变速器更换成自动变速器,也有要求把原车配置的自动变速器改装成手动变速器的。另一类是换成另一个传动比不同的手动变速器,手动变速器的升级主要有改装直齿变速器和序列式变速器。

### 1. 直齿变速器

以前的变速器都是直齿的(在老款的货车和摩托车上都可以见到),直齿变速器被淘汰的原因是在换档时动作比较突兀和噪声偏高,影响了乘坐舒适感。现代汽车的变速器因采用了斜齿设计并加装了同步器,降低了换档时的顿挫感(对驾驶人的技术要求较低)和变速器的噪声,但却带来了换档速度较慢和动力流失较大等负面影响(对飙车一族而言),而这正是赛车使用直齿变速器的原因。

### 2. 序列式变速器

序列式变速器的变速原理和直齿变速器一样,最大区别是序列式变速器在换档时只须简单地推上或拉下变速杆,这设计不但加快了换档速度,更大大减低了换错档的可能(在比赛中换错档的后果往往是发动机因转速过高而爆缸),因此序列式变速器对分秒必争的专业比赛是有一定帮助的,但在民用改装车上这些优势并不明显了。

## 四、差速器的改装

差速器(图3-7)可以让两侧车轮有转速差,因为车辆转弯时内侧轮及外侧轮的半径不同,所以转弯时两侧轮的转速也不同,这就是差速器的作用。

我们在日常驾驶过程中,转弯时不会把车开到极限,这时普通差速器就可以满足需求。而对于那些注重性能的车型来说,如果安装的是普通差速器,在高速转弯时,当内侧轮胎的附着力减小至一定程度时,差速器会把大部分力量传递到内侧车轮,从而造成内侧车轮打滑,外侧车轮无力的情况,这样就使得车辆在转弯时不能够把动力传递到真正需要的车轮上,从而影响车辆转弯的速度。另外,当一侧驱动轮失去附着力时(如陷入泥潭等),如果车辆安装的是普通差速器将会很难脱困(图3-8)。

图3-7 差速器

图3-8 车辆陷入泥潭

为了避免上述问题,解决方法之一就换装限滑差速器,它能够在内外车轮产生转速差时,内部的摩擦片能将两侧半轴连接起来,即使内侧轮胎失去附着力时,外侧车轮仍然能够获得一定的驱动力来驱动车辆前行。其实,在直线行驶时,左右驱动轮的附着力和实际路况是不同的,这样也会使左右驱动轮出现转速差，此时限滑差速器同样会进行限滑。

限滑差速器分为很多种，作用基本相同，改装车中经常使用的是机械式限滑差速器。一般分为1Way、2Way和1.5Way（图3-9）等型号，改装时需要根据驱动形式和实际需求进行选择。

 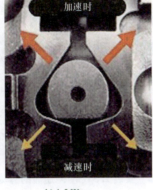 

a) 1 Way　　　　　　　　　b) 1.5 Way　　　　　　　　　c) 2 Way

图3-9　机械式限滑差速器

"1Way"表示加速时限滑差速器才会限滑，减速时不限滑；"2Way"表示加速和减速时限滑差速器均会限滑；"1.5Way"表示加速和减速时限滑，但减速时限滑的程度只是加速时的一半。

1Way限滑差速器适合前驱车型的前轴和四驱车型的前后轴使用。前驱车的前轮负责转向和驱动，在加速时限滑差速器介入，能够保证两侧驱动轮获得一定的驱动力，当碰到弯道需要减速时，如果限滑差速器仍然介入，会使车辆转向不足加剧，而且此时前轮强大的作用力会传至转向盘，这样车辆将变得很难操控，此时瞬间的反作用力有可能将驾驶人的手臂弄伤，所以前驱车选择减速时不限滑的1Way限滑差速器比较合适（图3-10）。

2Way限滑差速器适合后驱车型的后轴和四驱车型的后轴使用。后驱车的后轮不负责转向（四轮转向车型除外），但是需要注意此时车辆同样会出现转向不足的情况。这种差速器一般用在漂移车上，这样能够保证车辆无论在加速和减速时都需要驱动轮保持足够的驱动力，并需要驾驶人通过制动、离合、油门和转向等操作的介入，才能使车辆做出华丽而又持久的飘移动作（图3-11）。

图3-10　选用1Way差速器的前驱车　　　　图3-11　选用2Way差速器的漂移车

1.5Way限滑差速器适合前驱车型的前轴、后驱车型的后轴和四驱车型的前后轴使用。后驱车安装1.5Way限滑差速器是比较折中的做法，因为当车辆减速时，如果安装的是2Way限滑差速器，会对车辆的转向操控带来一定影响，并且会使车辆产生转向不足的负面作用。而安装1.5Way限滑差速器，在减速时，不像2Way限滑差速器介入那么强烈，同时又不会丧失驱动力，能够在操控和驱动力之间维持相对平衡，使车辆的性能得到充分发挥（图3-12）。

图3-12　安装1.5Way差速器的奔驰C63

| | 图片及介绍 |
| --- | --- |
| 原车 | |
| 改装后 | |
| 任务分析 | Polo手动变速器五档齿轮改装实例：<br>原车的MQ200变速器五档速比不是很满意，100km转速高达3130r/min，发动机的噪声也很大。<br>原车的五档齿轮齿比为39:48（传动比为0.8125），更换的齿轮齿数比为37:50（传动比为0.74）。<br>改密齿以后5档极速提高6%，同速转速降低了6%，但同速转矩减少了6% |

项目三　汽车底盘系统改装

| 任务名称 | 汽车传动系统改装 | 学时 | | 班级 | |
|---|---|---|---|---|---|
| 学生姓名 | | 学生学号 | | 任务成绩 | |
| 实训设备 | | 实训场地 | | 日期 | |
| 任务描述 | 有一位私家车的车主，他想把自己爱车的传动系统进行一番改装。但是不知道自己的爱车应该如何改装。你能介绍一下关于汽车传动系统改装的一些基本知识吗？ | | | | |
| 任务目的 | 以行动为导向，引导学生学习，使学生掌握传动系统改装的基本方法与技巧 | | | | |

一、简答题

1. 汽车底盘系统改装都有哪些项目？

2. 汽车传动系统改装都有哪些项目？

3. 汽车离合器片的分类都有哪些？

二、检查

任务完成后，进行如下检查：

1. 检查仪器、工具、设备是否复位：_____。
2. 检查场地是否清洁：_____。
3. 检查任务工单是否填写完整：_____。

三、评估

1. 请根据自己任务完成的情况，对自己的工作进行自我评估，并提出改进意见。

1) _____

_____

2) _____

2. 工单成绩（总分为自我评价、组长评价和教师评价得分值的平均值）

| 自 我 评 价 | 组 长 评 价 | 教 师 评 价 | 总　　分 |
|---|---|---|---|
| | | | |

任务二　行驶系统的改装

**任务导入**

现有一辆原装的 Jeep 牧马人，车主感觉自己爱车的车轮不够酷炫，但又不知道该如何改装。你能介绍一下关于汽车行驶系统改装的一些基本知识吗？

## 一、车架与车桥的改装

**1. 车架**

车架的作用是用于支承、连接汽车的各总成，使各总成在复杂多变的情况下保证正常的相对位置，并承受来自车内外的各种载荷。

(1) 对车架的性能要求

1) 有足够的刚度和强度。

2) 车身高度低，降低重心，保证行驶稳定性。

3) 尽可能地降低质量（质量一般小于整车质量的10%），增加汽车动力性。

(2) 车架的结构类型

1) 边梁式车架：两根纵梁和若干根横梁焊接或铆接在一起。

2) 中梁式车架：中梁式车架又称脊梁式车架，它是由一根贯穿汽车纵向的中央纵梁和若干根横向悬伸托架构成。

3) 综合式车架：综合式车架一般是由边梁式和中梁式车架结合而成的。

**2. 车桥**

(1) 作用　车桥（俗称车轴）通过悬架和车架（或承载式车身）相连，两端安装车轮，其功用是传递车架（或承载式车身）与车轮之间各方向的作用力及其力矩。

(2) 分类　按照用途的不同，车桥可分为转向桥、驱动桥、转向驱动桥、支持桥；按照结构分，车桥可分为整体式车桥、断开式车桥（图3-13）。

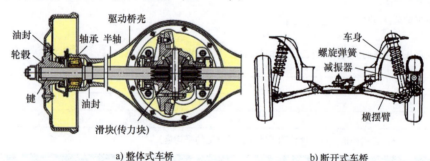

a) 整体式车桥　　　　b) 断开式车桥

图3-13　车桥

**3. 门式车桥的改装**

(1) 门式车桥的作用　门式车桥（图3-14）具有一个被驱动的差速器，该差速器通过车轴并分别通过一个轮边减速器分别与一个汽车车轮相连接，其中汽车车轮可以绕着一根旋转轴线旋转并且支承在地面上，其中在每个轮边减速器内，一个由车轴驱动的驱动圆柱齿轮与一个第一中间轴圆柱齿轮作用连接，并且第一中间轴圆柱齿轮旋转固定地与一个第二中间轴圆柱齿轮连接，并且这两个中间轴圆柱齿轮绕着一根旋转轴线旋转，其中第二中间轴圆柱齿轮与一个输出圆柱齿轮作用连接，该输出圆柱齿轮与汽车车轮相连接并且绕着汽车车轮的旋转轴线旋转，其特征在于，驱动圆柱齿轮的旋转轴线相对于地面的垂直距离小于中间轴圆柱齿轮的旋转轴线相对于

图3-14　门式车桥

地面的垂直距离并且小于输出圆柱齿轮的旋转轴线相对于地面的垂直距离。

(2) 门式车桥结构的基本原理　在车轮半轴轴头与车轮轴之间再加装一个减速齿轮。在不增加车轮尺寸的前提下，使车桥升高，从而提升车身的高度，达到增加离地间隙的目的。

## 二、车辆平衡杆的改装

**1. 平衡杆的作用**

平衡杆的作用是当左右两轮的水平高度不同时，为了防止造成杆身的扭转，平衡杆会产生防倾阻力抑制车身滚动。即：当左右两边的悬架上下同步动作时平衡杆就不会发生作用，只有在左右两边悬架因为路面起伏或转向过弯造成的不同步动作时平衡杆才产生作用。

**2. 平衡杆的改装**

平衡杆的硬度是由制作的材质、杆身、杆径、杆臂的长度以及与杆身所成的角度所决定的。杆身的长度越长硬度越小，反之，杆臂的长度越长却会提高其硬度。受限于车宽，杆身的长度几乎不太可能改变，但杆径和杆臂的长度却是比较容易调整。一般来说，平衡杆的材质都大同小异，所以要改变平衡杆的硬度都是由改变杆径来达成。此外，由于杠杆原理的作用，改变悬吊臂与平衡杆臂的连接点就可改变杆臂的力矩，而可调式平衡杆就是利用这一原理。此外，把固定平衡杆的橡皮胶垫换成硬的材质会起到很好的效果。平衡杆的效果就表现在转弯时的侧倾，要了解侧倾的程度最好的方法就是利用照相机拍下极限转弯时的照片，然后在照片上测量出侧倾角度，更换较硬的平衡杆后以同样的方式再拍一次，比较两次的角度就可判断出不同。要去计算所需平衡杆的硬度是很复杂的，不但要考虑自身的硬度更要考虑和弹簧的搭配。

**3. 平衡杆的改装实例**

| 序 号 | 操作步骤 | 图　示 |
|---|---|---|
| 1 | 安装前顶巴塔盘 |  |
| 2 | 塔盘固定螺钉不要拧紧以便以后调试 |  |
| 3 | 安装平横杆并调试 | 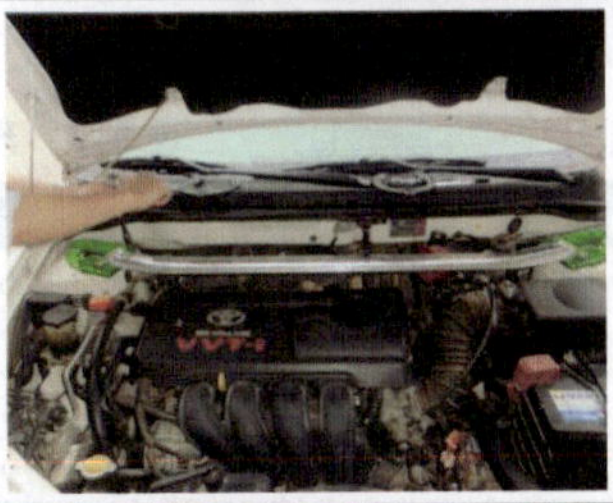 |

## 三、车轮的改装

### 1. 轮胎的改装

轮胎改装就是升级轮胎高扁平比,以获得车辆转向过程中的响应更加灵敏且变形量更小,从而增加抓地力的汽车改装。

轮胎的改装包括轮胎品质的升级和轮胎尺寸的升级。

(1) 轮胎品质的升级　换用等级更高的轮胎,例如使用速度级别更高的轮胎,或者使用帘布层级更高的轮胎。通过品质的升级,可以获得更美观的胎面花纹,更好的排水性能,更小的滚动噪声,或更好的行驶稳定性等。

(2) 轮胎尺寸的升级　在不改变轮胎直径情况下,加大轮胎宽度和减小轮胎厚度。这样做的好处是:

1) 增大轮胎对地面的附着力,更不容易打滑,缩短制动距离,提高安全性能。
2) 转弯时轮胎的侧变形更小,方向稳定性更好,路感更清晰、提高操控性能。
3) 宽薄轮胎更不易变形,高速性能更加稳定,更不会飘飘然。

### 2. 轮毂的改装

1) 改装轮毂可达到以下效果:改装轮毂后外观更加动感,车体看起来更加饱满。
2) 高速行驶的车辆操控更加稳定。
3) 转弯会更加平稳,让开车更加有信心,乘车也更加舒适。
4) 因为轮胎更宽大,与地面的接触面积也就越大,所以有可以有效地提升制动的效率。

### 3. 改装轮胎、轮毂的注意事项(这里主要讲升级原配轮毂尺寸及轮胎)

1) 轮胎的外径必须基本不变,因为这个关系到车辆ESP稳定系统、仪表显示等。所以,一定要和原配轮胎外径基本不变,尽量做到误差在3%以内,误差越小越好。

另外,很多车型的低配和高配车型使用的原配轮胎、轮毂也不一样,例如如果原车是低配,使用的轮胎是215/60R16 95V,而中高配车型使用的轮胎是235/45R18 94W,可见中高配车型轮胎尺寸比低配大2英寸,轮胎宽度要宽出20mm。

2) 升级后的轮胎的负荷指数及速度级别不得低于原配轮胎,这个一定要注意,关系到行车安全。
3) 原车前后轮胎规格相同,建议升级后的前后轮胎规格也相同,很多后驱车车主喜欢升级后轮宽于前轮(原厂设定前后轮胎规格相同),但是不建议这样做,因为可能会破坏原厂的设定调校;反之,原车前后规格不同的车,升级后的轮胎也建议做到前后不同。
4) 同一车轴上选择完全相同的轮胎。
5) 轮毂的中心孔直径和孔距必须和原配轮毂相同。孔距若不相同,将无法装上去。对于中心孔直径,不要去相信加套环也能达到相同的效果,笔者建议不要这样去做,这样做的稳定性会存在很大问题。
6) 偏距值最好和原配轮毂相同,实在无法做到相同,建议相差不要超过10mm,相差太多造成的影响上面已有阐述。

### 4. 轮胎与轮毂的选择

轮毂直径因已选择的轮胎直径已经确定,如18in轮胎当然只能选择18in的轮毂来搭配;轮毂宽度可根据选择的轮胎宽度来确定,一般来说其对应选择见表3-2。

表3-2　轮毂宽度常用对应使用轮胎宽度列表

| 轮宽/in | 胎宽/mm | | |
|---|---|---|---|
| 5 | 165 | 175 | 185 |
| 5.5 | 175 | 185 | 195 |
| 6 | 185 | 195 | 205 |
| 6.5 | 195 | 205 | 215 |

项目三 汽车底盘系统改装

（续）

| 轮宽/in | 胎宽/mm | | |
|---|---|---|---|
| 7 | 205 | 215 | 225 |
| 7.5 | 215 | 225 | 235 |
| 8 | 225 | 235 | 245 |
| 8.5 | 235 | 245 | 255 |
| 9 | 245 | 255 | 265 |
| 9.5 | 265 | 275 | 285 |
| 10 | 295 | 305 | 315 |

也就是说，如果选择的轮胎宽度为235mm的话，那么选择轮毂的宽度最好为8in，如果没有，7.5in和8.5in也行，这个表只是一个参考，每条轮胎上一般都会标示有最佳适配的轮毂宽度尺寸，照此选择即可。

### 四、悬架的改装

悬架是车架（或承载式车身）与车桥（或车轮）之间弹性连接装置的统称，其功用是传递作用在车轮和车架之间的力和力矩，并且缓冲由不平路面传给车架或车身的冲击力，并衰减由此引起的振动，以保证汽车能平顺地行驶。汽车悬架改装主要是对弹簧和减振器进行改装，其目的是提高汽车行驶的平顺性、操纵稳定性和舒适性。

现在市面上有很多种弹簧和减振器的改装方案，常见的有短弹簧、运动套装和绞牙减振器等。

**1. 短弹簧的改装**

短弹簧（图3-15）相比原厂弹簧要短一些，而且更加粗壮。安装短弹簧，能够有效降低车身重心，减少车辆转弯时产生的侧倾，使转弯更加稳定、顺畅，提升车辆弯道操控性。而原厂减振器的阻尼设定偏向舒适，所以短弹簧和原厂减振器在配合上不是很稳定，它不能够有效地抑制短弹簧的回弹和压缩，行驶在颠簸路面时，会有一种不适的跳跃感，长此以往，减振器的寿命会大大减短，而且还有可能出现漏油的情况。当然以上这些状况都是相对而言，日常行驶的话不会有这么严重的损坏，而且尽量不要激烈驾驶，毕竟原厂减振器承受不了高负荷的压力。更换短弹簧是降低车身高度最实惠的改装方案，对于那些预算不多的车友是个不错的选择。当然，短弹簧对操控性能的改善很有限，而且还有很多弊端，所以在购买时一定要明确自己的目的。

**2. 运动套装的改装**

运动套装（图3-16）包含短弹簧和减振器，跟原厂的构成和工作原理基本相同，相比短弹簧与原厂减振器的组合，运动套装的弹簧与减振器的配合更加稳定，减振器的阻尼可以完全应付弹簧的回弹和压缩，有些品牌的减振器可以根据驾乘者的需求进行阻尼调节。

短弹簧除了比原厂弹簧短之外，还更加粗壮。

图3-15 短弹簧

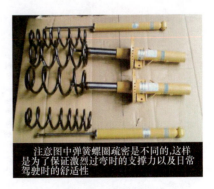

注意图中弹簧螺圈疏密是不同的，这样是为了保证激烈过弯时的支撑力以及日常驾驶时的舒适性

图3-16 运动套装

更换运动套装能够有效改善车辆的操控性能，非常适合对于爱车操控性能有一定要求的车友，当然价格相比短弹簧来说会昂贵一些。

**3. 绞牙减振器的改装**

绞牙减振器（图3-17）具备软硬、高低、阻尼可调等功能，可以根据个人的需求，在一定范围内调整出个人所满意的设置。绞牙减振器最早源于赛车，参赛车辆为了适应各种赛道，需要更改弹簧和减振器的设定，如果更换的话太过麻烦，同时会增加成本。绞牙减振器就很好地解决了这些问题，在不需要更换弹簧和减振器的情况下大幅地改变车辆的操控性能。

图3-17 绞牙减振器

**4. 改装悬架系统的改装**

上面介绍了常见的一些悬架系统改装部件，而车辆的悬架系统是一个较为复杂的机构，不同的搭配与调校都会影响车辆最终行驶性能的发挥，不同的设定下的行驶特性也有着天壤之别，下面介绍悬架系统的改装。

改装悬架系统最初的目的是提高车辆的行驶性能，但随着改装文化的不断发展，为了营造夸张视觉效果的一些特殊风格改装也会涉及悬架系统，如 HellaFlush、VIP 等，这些只是为了达到低趴或夸张外倾角的改装。虽然看上去非常吸引眼球，但并不是以提升行驶性能为目的的（甚至是恶化操控性能）。

改装悬架系统，除了需要保持原厂悬架具有吸收起伏不平路面带来的振动，使轮胎尽可能地贴附于地面的功能外，很大层面上来说就是减少行驶中重量转移的幅度，从而优化行驶性能。除了减轻车身重量的方法，通过对悬架系统的改装也可以达到减少重量转移的目的。

| | 图片及介绍 |
|---|---|
| 原车 |  |

# 项目三 汽车底盘系统改装

（续）

| | 图片及介绍 |
|---|---|
| 改装后 |   |
| 任务分析 | 　　这辆天籁的轮毂换成了 19in INFORGED IFG5 轮毂，J 值为前 8.5 后 9.5，搭配了 Aj 锻造螺母。换了 19in 轮毂后，搭配的轮胎数据是前 215/35，后 235/35，胎壁薄了不少，平时驾驶要非常注意路况。<br>　　更换了 Border 绞牙减振器，32 段高低软硬可调减振。绞牙减振器具备软硬、高低、阻尼可调等功能，可以根据个人的需求，在一定范围内调整出个人所满意的设置 |

## 任务工单

| 任务名称 | 汽车行驶系统改装 | 学时 | | 班级 | |
|---|---|---|---|---|---|
| 学生姓名 | | 学生学号 | | 任务成绩 | |
| 实训设备 | | 实训场地 | | 日期 | |
| 任务描述 | 有一位私家车的车主，他想把自己爱车的行驶系统进行一番改装以达到低趴的效果。但是不知道自己的爱车应该如何改装。你能介绍一下关于汽车行驶系统改装的一些基本知识吗？ ||||| 
| 任务目的 | 以行动为导向，引导学生学习，使学生掌握汽车底盘行驶系统改装的基本方法和技巧 |||||

一、简答题

1. 简述门式车桥的改装。

2. 轮胎改装都有哪些项目？

3. 轮胎、轮毂改装的注意事项都有哪些？

4. 悬架系统的改装有哪些项目？

二、检查

任务完成后，进行如下检查：

1. 检查仪器、工具、设备是否复位：_____。
2. 检查场地是否清洁：_____。
3. 检查任务工单是否填写完整：_____。

(续)

### 三、评估

1. 请根据自己任务完成的情况，对自己的工作进行自我评估，并提出改进意见。

1) _____

2) _____

2. 工单成绩（总分为自我评价、组长评价和教师评价得分值的平均值）

| 自我评价 | 组长评价 | 教师评价 | 总　　分 |
| --- | --- | --- | --- |
|  |  |  |  |

## 任务三　制动系统的改装

现有一位大众高尔夫 R 的车主，对自己爱车的制动效果不是很满意，故想针对制动系统进行一番改装，但是不知道该如何改装，你能介绍一下制动系统的基本知识吗？

### 一、制动片的改装

汽车制动器衬片，俗称制动片，是汽车制动系统中重要的安全部件，制动效果的好坏都是通过制动片体现出来的，制动片的好坏直接影响汽车的制动性能，也关系到汽车驾乘人员的生命财产安全。

**1. 制动片的组成材料**

制动片主要由粘结剂、增强纤维、摩擦性能调节剂、填料四大部分组成。

粘结剂是摩擦材料中的一个最重要的组成，它可以影响材料的热衰退性能、恢复性能、耐磨性和力学性能。一般有热固型、热塑型、橡胶类、复合型几种。汽车摩擦材料中一般采用的是热固型粘结剂，具体的材料主要有酚醛树脂、三聚氰胺树脂、环氧树脂、硅树脂、聚酰胺树脂等。应用最广泛的是酚醛树脂及其改性树脂。改性的目的是改善树脂的高温性能。为了更大地提高粘结剂的高温性能，现在先进的汽车摩擦材料已经有些采用聚酰亚胺树脂，但目前这种树脂成本太高，不利于普及。

增强纤维在摩擦材料中也是主要的摩擦组成，有增强基的作用，传统材料用的是石棉等矿物纤维，半金属汽车摩擦材料中使用的是钢纤维，同时加入少量铜纤维及少量矿物纤维。近年来，增强纤维的种类也越来越多，其中最引人注目的是芳纶（Kevlar）的应用。有机纤维的加入，可以降低材料的密度、减小其磨损量，但同时也会降低材料的摩擦系数。为了提高摩擦材料在各温度段的稳定性及其纤维和粘结剂的亲和性能，在实际应用中往往采用多种纤维混合使用。

摩擦性能调节剂可以分为两类，一类是减摩材料，莫氏硬度一般小于2，它的加入可提高材料的耐磨性，减小噪声及降低摩擦系数，这类材料主要有：石墨、二硫化钼、铅、铜等。另一类是摩阻材料，莫氏硬度一般大于4，它的加入可以增加材料的摩擦系数。大部分无机填料和部分金属及其氧化物属于这一类。摩擦性能调节剂的加入主要是调节材料的热稳定性能以及工作稳定性。

填料主要以粉末的形式加入。填料的作用很多，比如说加入铜粉，它的作用是可以在摩擦材料和对偶件间形成转移膜，既能提高摩擦力矩和稳定摩擦系数，又能减小对对偶件的损伤，提高整个摩擦副的耐磨性能。加入硫酸钡，可以提高材料的密度。

**2. 制动片的分类**

（1）**按类型分类** 汽车制动片从类型可分为用于盘式制动器的制动片、用于鼓式制动器的制动蹄、用于大货车的来令片。按配方分类，制动片可分为半金属制动片、无金属制动片、碳纤维制动片和陶瓷纤维制动片。

（2）**按配方分类**

1）半金属制动片：半金属制动片是采用金属纤维（也可能含有其他纤维）制成的制动片，这是目前使用最广泛的产品，性能稳定、价格适中。

2）无金属制动片：无金属制动片一般指不含金属，采用芳纶、玻纤纤维等材料的制动片，各生产厂家产品的差异很大，好的优于半金属、差的可能不如半金属。

3）碳纤维制动片：碳纤维制动片，要与碳纤维制成的制动盘配合使用，性能极好，价格昂贵，目前只有最高档的车才会采用。

4）陶瓷纤维制动片：这种制动片的性价比极好，推荐使用，可直接替换原有的普通制动片。

**3. 性能评测指标**

（1）**制动性能** 制动性能是指在正常制动状态（也就是制动温度比较低的情况）下，制动片的制动能力（摩擦系数）。制动片的摩擦系数不是越高越好，而是要在综合性能方面取得平衡，以符合整车的设计要求。

（2）**衰退性能** 在山路下坡之类的路况下，制动器连续制动，温度迅速上升，制动盘可能会达到四五百甚至七百摄氏度以上的高温。制动片的制动能力会变差，制动距离增加，这种现象叫"衰退"。优质制动片的衰退率很小，有些甚至不衰退。

（3）**恢复性能** 恢复性能是指经过高温衰退的制动片，当温度下降时，是否能尽快恢复原有的制动性能，这也是衡量制动片好坏的重要指标。

（4）**磨耗** 磨耗是指制动片使用时的磨损情况。制动效果情况取决于摩擦材料的配方和工艺，比如碳纤维制动片可以用上几十万公里无需更换。除了制动片本身的磨损，还要考虑制动盘的磨损。在制动过程中，优质的制动片会在制动盘摩擦表面生成一层保护膜，减少制动盘的磨损，而劣质制动片含有大量硬点和杂质，会在制动盘表面拉出许多沟槽，加速制动片和制动盘的磨损。

（5）**噪声** 引起制动噪声的因素很多，制动片只是其中之一。一般认为，制动片硬度太高的话，就容易产生噪声。

还有剪切强度、硬度、压缩率、热膨胀、吸水率、粘附性等性能指标。

**4. 制动片改装建议**

工作温度只是制动性能中的一个指标，最终决定制动力高低的还是制动片摩擦力的大小。

不同品牌或型号的制动片制动效果不同。头段制动反应变得过快或过缓并非是罕见的例子，但不同驾驶人有不同的驾驶习惯和喜好，因此这些情况未必构成严重的问题。在选购时先参阅制动片包装上的特性说明，再向改装技师多问其特性，这样比较容易找到适合自己驾驶习惯的高性能制动片。

原厂的制动片由于要考虑到成本、耐用、清洁（制动粉）和低温功效等要求，一般来说摩擦系数不会很高（大概在0.4以下），而且大多不可以承受超过300℃的温度，因此在连续多次使用后便会发生效能衰退。所以，更换高性能的制动片是改装制动系统的第一步。

选择高性能制动片时要注意不要贪大摩擦系数和超高温，摩擦系数太高会使得慢速行驶时的制动动作变得太敏感，每次轻触制动踏板都会令车上的乘客前仰后合，此外制动盘也会因磨损增大而降低寿命。

耐高温型号的制动片在低温时的效果其实并不好，比如IDIC3型制动片，其工作温度是从300℃开始。因此，比赛的车手在热身圈时就会不时一边加油，一边制动来令制动片进入工作温度。其实一般车迷可选购工作温度在0~500℃、摩擦系数在0.4以上的"运动型"制动片，它能应付大多数情形的需要。

一些改装车间都能向消费者公示制动片摩擦物料成分的数据，但实际上摩擦力的计算受环境因素影响相当大，例如温度、湿度和被摩擦的物料不同，最终产生的摩擦力都完全不同。因此，市场上目前出售的制动片卷标上都没有这个数字，选购时也没有直接方法能进行比较。

## 二、制动钳的改装

更换大的多活塞的制动钳（图3-18）能直接提高制动性能。道理很简单，制动钳大了，配用制动片的总面积也大了，制动钳活塞越多，施加在制动块上的压力和产生的温度就越均匀，还可增加活塞的总面积，制动效果当然就好了。

目前市场上改装用的制动钳分为原装和非原装两种。原装的产品通常是采用较大直径或多个活塞的设计。

图3-18　多活塞制动钳

非原装的制动钳，差不多全是赛车用产品，并且采用多活塞的设计，安装时必须配合俗称"桥"的特制转接支架。这类产品除了活塞施压面积较大之外，质量都特别轻，能减轻悬架负重而加快悬架活动速度，若配合直径较大的制动盘使用，这些轻量制动钳便可抵消制动盘增加的质量。

## 三、制动盘的改装

制动盘的作用是提供制动力和散热，改装制动盘有三个方面：加大盘面尺寸、需要考虑轮辋大小的限制、盘面画线和使用通风碟。

大多数车辆的制动油管是用有可塑性的材料（比如橡胶）制造，较容易在接口处漏油和吸入水分，而且在高强度制动时会受热、受压膨胀，使制动踏板行程变长和影响踏板的感觉。选用带钢丝编织物制造的赛车用制动油管（制动钢喉）（图3-19）不但耐热，而且坚固的钢丝层能提供很好的保护，使制动油管受外物刺破的可能性大减，是一项值得投资的改装。

制动油的选择最好是选择DOT4，因为DOT5制动油的吸附水分的速度要比DOT4快一些，DOT5的腐蚀性更快，这就会造成更换制动油、更换金属油管的周期更短一些。

图3-19　制动油管

## 项目三　汽车底盘系统改装

| | 图片及介绍 |
|---|---|
| 原车 |  |
| 改装后 |   |
| 任务分析 | 高尔夫 1.4T 升级 BF6 锻造轻量化卡钳，配 330mm 分体双斜线制动盘，大幅缩减了制动距离 |

| 任务名称 | 汽车制动系统改装 | 学时 | | 班级 | |
|---|---|---|---|---|---|
| 学生姓名 | | 学生学号 | | 任务成绩 | |
| 实训设备 | | 实训场地 | | 日期 | |
| 任务描述 | 有一位私家车的车主，他想把自己爱车的制动系统进行一番改装。但是不知道自己的爱车应该如何改装。你能介绍关于汽车制动系统改装的一些基本知识吗？ | | | | |
| 任务目的 | 以行动为导向，引导学生学习，使学生掌握改装制动系统的基本方法与技巧 | | | | |

一、简答题

1. 汽车制动系统由哪些元件组成？

（续）

2. 汽车制动系统改装都有哪些项目？

二、检查

任务完成后，进行如下检查：

1. 检查仪器、工具、设备是否复位：_____。
2. 检查场地是否清洁：_____。
3. 检查任务工单是否填写完整：_____。

三、评估

1. 请根据自己任务完成的情况，对自己的工作进行自我评估，并提出改进意见。

1) _____

2) _____

2. 工单成绩（总分为自我评价、组长评价和教师评价得分值的平均值）

| 自我评价 | 组长评价 | 教师评价 | 总　分 |
| --- | --- | --- | --- |
|  |  |  |  |

## 任务四　底盘保护的改装

小王是一位私家车的车主，他想对自己爱车的底盘系统进行一下保护改装。但是不知道自己的爱车应该如何改装。你能告诉小王关于汽车底盘系保护改装的一些基本知识吗？

### 一、底盘封塑的改装

所谓封塑是在底盘上喷涂一种特殊的弹性胶质材料（图3-20），将底盘及裸露的钢板完全包裹起来，经多次喷涂弹性胶质材料形成底盘保护层。厚度一般在1.5~2.5mm。

**1. 底盘封塑具有以下作用**

（1）防腐蚀和防锈　因为采用特殊材料将底盘与外界隔开，所以车辆行驶在一些泥路上或者雨天的时候，可以防止一些酸雨或者污渍对底盘进行腐蚀，即使在雨天也不怕底盘上的一些零部件生锈。

（2）防止撞击以及拖底　对于一些经常行驶在路况较差的车辆来说特别有用，不用担心一些小石子溅起对底盘造成伤害，而且行驶在一些减速带的时候可以避免发生拖底的情况。

图3-20　底盘封塑

（3）隔音降热　在冬季特别有用，因为冬季温度很低，冷热空气大多集中在车辆的底盘上进行交换,如果进行底盘封塑,可以提高车辆能量的利用,而且还可以具有良好的隔音效果,减小一些摩擦所产生的噪声,从而增加行车的舒适性。

(4) 减小车辆振动　对于一些不平路面,由于路面的振动频率有可能跟底盘产生一定的共鸣效应,从而使车内乘客的舒适性减低,如果封塑后,可以消除一部分的共鸣。

**2. 汽车底盘封塑的注意事项**

对于车主来说,最好在购车几年后进行一次底盘封塑,新车一般不用进行封塑,因为新车厂家在生产过程一般都会给车辆的底盘进行封塑,而且去4S店或美容店封塑的效果可能还没有厂家的好。在进行底盘封塑的时候应该先清除底盘油污,使用专用去污剂把沥青、油污等彻底清除干净,然后封塑过后应该进行二次喷涂处理(图3-21)。

图3-21　二次喷涂处理

### 二、底盘装甲的改装

汽车底盘装甲的学名是汽车底盘防撞防锈隔音涂层,一种高科技的粘附性橡胶沥青涂层。汽车底盘装甲具有无毒、高遮盖率、高附着性,可喷涂在车辆底盘、轮毂、油箱、汽车下围板、行李箱等暴露部位,快速干燥后形成一层牢固的弹性保护层,可防止飞石和沙砾的撞击,避免潮气、酸雨、盐分对车辆底盘金属的侵蚀,防止底盘生锈和锈蚀,保证行车安全。

底盘装甲具有以下作用:

(1) 防敲击　在汽车行驶过程中,难免会溅起一些碎石子,进而对汽车底盘造成敲击,长此以往,会对汽车底盘造成较大的损害。而安装了汽车底盘装甲之后,则可以避免碎石子对底盘的敲击,从而保护好汽车底盘。

(2) 防拖底　在不同的路段,难免会有一些凸起的地方会对汽车底盘造成磨损。如果增加了汽车底盘装甲,则可以防止汽车底盘的磨损,更大程度上的保护好汽车底盘。

(3) 防腐蚀　在南方的雨季较长,在行车时,很容易就把酸雨溅入车底盘内,长时间下去,会对底盘造成腐蚀。而且每次洗车后的污水也会有所残留,进一步腐蚀底盘。安装汽车底盘装甲则可以避免这些不必要的腐蚀了。

(4) 隔热　在炎炎夏日,面对极高的地表温度,车子底盘就容易把热气传导至车内。如果车内开了空调,则需要更多的油耗来降低车内的温度。如果安装了汽车底盘装甲,则可以大幅度地把热量隔绝在外,并保持车内的温度,从而减少油耗。

### 三、底盘护板的改装

底盘护板是在需要特殊保护的发动机、变速器、传动机构等总成下方安装的保护板,有塑料和钢板两种,它们都能减轻托底对底盘总成造成的伤害。

**任务实施**

| | 图片及介绍 |
|---|---|
| 原车 |  车辆底盘更要仔细清洗,用吹水枪将缝隙中的水吹出,并用毛巾将水擦干,确保不留一处死角,否则底盘装甲将会脱落不能为底盘进行100%的防护 |
| 改装后 |  进行底盘装甲喷涂前,店家必须先用遮盖纸(多用报纸)和胶带,将轮胎、排气管周边、电子传感器等部位进行遮盖,尤其注意车身上的传感器和减振器要遮盖好,否则将会给车辆带来安全隐患 / 底盘装甲对人体有害,所以不建议车主观看喷涂过程,并且技师必须做好防护(护目镜、帽子、口罩、围裙等)  底盘中部最容易拖底,所以装甲厚度也要比其他部位厚 |
| 任务分析 | 原车做完底盘装甲后,可以对底盘护板及发动机等部件起到保护作用,减少了砂石对漆面的损伤程度,并有效地减少了室内噪声,增加了乘车的舒适性 |

**任务工单**

| 任务名称 | 汽车底盘保护的加装 | 学时 | | 班级 | |
|---|---|---|---|---|---|
| 学生姓名 | | 学生学号 | | 任务成绩 | |
| 实训设备 | | 实训场地 | | 日期 | |
| 任务描述 | 有一位私家车的车主,他想把自己爱车的底盘进行一番保护改装。但是不知道自己的爱车应该如何改装。你能介绍一下关于汽车底盘保护改装的一些基本知识吗? ||||||
| 任务目的 | 以行动为导向,引导学生学习,使学生掌握汽车底盘保护改装的基本方法与技巧 ||||||

一、简答题

1. 汽车底盘保护改装都有哪些项目?

(续)

2. 汽车底盘保护改装都有哪些好处?

3. 汽车底盘保护改装的注意事项都有哪些?

二、检查
任务完成后,进行如下检查:
1. 检查仪器、工具、设备是否复位:＿＿＿＿＿＿。
2. 检查场地是否清洁:＿＿＿＿＿＿。
3. 检查任务工单是否填写完整:＿＿＿＿＿＿。

三、评估
1. 请根据自己任务完成的情况,对自己的工作进行自我评估,并提出改进意见。
1) _____

2) _____

2. 工单成绩(总分为自我评价、组长评价和教师评价得分值的平均值)

| 自 我 评 价 | 组 长 评 价 | 教 师 评 价 | 总　　分 |
| --- | --- | --- | --- |
|  |  |  |  |

# 项目四　汽车电气系统改装

## 目标与要求

通过完成本项目，应达成以下目标及要求：
1. 了解汽车电器设备改装的原因及注意事项。
2. 掌握汽车照明系统改装的基本知识。
3. 掌握汽车电器设备改装的基本知识。
4. 掌握常见项目的施工流程。
5. 掌握汽车改装工具的操作方法。

## 任务一　汽车电器设备加装改装概述

### 任务导入

陈先生是一位私家车的车主，为了增加汽车的安全性，他想给自己的汽车装上碰撞预警装置。陈先生认为加装电器设备是一件很简单的事情，你能根据所掌握的知识，告诉他加装电器设备需要注意哪些事项吗？

### 知识准备

#### 一、汽车电器改装理由

目前，车价在10万以下的轿车，汽车影音导航、智能钥匙一键起动系统、行车记录仪、汽车照明系统等是当前汽车用户普遍选择的汽车改装服务。随着汽车的普及和电子技术的发展，人们更加追求汽车的安全性、舒适性和娱乐性等，从而必然掀起汽车电子产品加装改装的热潮。

#### 二、汽车电器改装的技术要求

随着汽车向智能化方向发展，很多汽车电子产品处于安全因素考虑，对加装改装车载产品的要求越来越高，对汽车电子产品的加装改装行业的要求也越来越专业化。一般情况下，汽车电气系统的设计要经过电器架构设计、用电功率匹配设计、电磁兼容分析、工作环境和工况分析、原材料选型、制造过程设计等设计环节，并经过设计验证（含功能测试和路试）和设计确认，上述任何设计及验证，必须经过周密的计算、严格的论证及各种复杂环境的试验，并考虑汽车用电器的所有工况和各种失效模式。另外，根据试验和验证的需要，设计单位必须具备相关的试验设施和验证手段。

## 三、汽车电器改装的注意事项

随着汽车行业的蓬勃发展，广大车主个性化需求程度随之加深，汽车加装改装的程度也越来越大，花样越来越多。比如加装氙气前照灯、车载冰箱、车载空气净化器、日间行车灯、汽车导航、行车记录仪、车载对讲机、电子狗等。其中包括一些大功率电器，殊不知，这样会给车辆带来极大的安全隐患，轻则电气电路和设备烧蚀，重则发生火灾导致人员伤亡。如果对汽车电气线路不熟悉或者不是专业的操作人员，很容易让加装改装的电器成为车辆的一个不定时"炸弹"，随时都有可能让车辆线路烧蚀，损坏电器设备。在加装改装汽车电器设备时应注意以下几点：

1) 改装电路与发电机功率及蓄电池功率的匹配。
2) 全面分析及验证电源分配、电流平衡、搭铁布局以及加装的电路对原电路的影响。
3) 进行导线负载能力计算、分析并正确地选择原材料。
4) 合理选择电路保护及熔断片的选型、继电器的匹配。
5) 兼顾工作环境温度及电磁兼容。
6) 采用合格的原材料及合适的改装工具。
7) 采用合适的线路防护等。

| | 中国汽车电气系统改装市场分析 |
|---|---|
| 市场需求 | 中国汽车改装业将呈现快速增长，并会成为汽车产业链的重要组成部分。随着政策的不断放宽、消费者个人收入的增加以及对个性化改装的需求，中国汽车改装市场年均需求增长率超过15%。其中，电器设备加装改装占绝大部分 |
| 客户结构 | 从客户的角度来说，改装目的可以概括为三种：一是为了外观更好看，更个性；二是为了让行车更安全；三是为了让速度更快。80后、90后更加追求漂亮的外观和更快的速度。相较之下，60后们则更注重安全性的提升，他们的汽车改装要求多是升级：轮胎要更好的、轮圈要更结实的、制动系统要更灵敏的、座椅要更舒适的，一切都围绕着安全性的提升而展开。<br>以汽车音响改装为例，不同年龄阶段的消费者对音响改装的要求差别就很大。六七十年代的人，更注重对音乐品质的追求，希望通过配置高品质的音响，享受到更好的音乐效果，让开车的过程变得愉悦而轻松。汽车往往被他们当作工作、生活之外的第三空间而被悉心改造，因此也很舍得投入。此类客户总量虽然不多，但却是精心打造汽车音响改装市场的主力军。<br>而80后、90后则更需要张扬个性、释放激情，希望汽车音响效果要更具爆发力，而且他们接受新事物的能力较强，紧跟时尚潮流。因此，也成为汽车音响改装市场的主力军。<br>国内改装的消费群体正在逐渐分为三大群体，一个是精心打造群体，年龄大概在40岁以上；第二是中端群体，年龄在30到40岁之间；最后是30岁以下的低端群体 |
| 地区差异 | 中国汽车改装业较为发达的地区有上海、深圳、北京、广州、昆明等地。在改装相当旺爆的城市如上海，改装已形成了一个千万级的大市场，而在成都改装也正被人们接受并走上正轨。在改装势头更为猛烈的广东，不仅有着良好的改装市场需求，而且在珠三角的东莞、中山等地，已经开始形成了颇具规模的改装用品市场。<br>虽然前景看好，但汽车改装却还是一个亟待规范的市场。尽管我国的汽车改装行业还存在着许多的困难与阻力，但随着客户需求的增加和多样化，改装车市场也将越分越细，相关的政策法规也将陆续出台，真正的汽车改装在规范的市场体制下，将踏上其理性回归之路 |

# 汽车改装技术

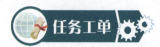

| 任务名称 | 汽车电器设备加装改装基础知识 | 班级 | | 任务成绩 | |
|---|---|---|---|---|---|
| 学生姓名 | | 学生学号 | | | |

一、简答题

1. 汽车电器设备的改装需要注意什么？

2. 列举电器设备加装改装都有哪些项目？（至少十个）

3. 根据你掌握的知识分析未来汽车电器设备加装改装的发展方向。

二、评估

1. 请根据自己任务完成的情况，对自己的工作进行自我评估，并提出改进意见。

2. 工单成绩（总分为自我评价、组长评价和教师评价得分值的平均值）

| 自我评价 | 组长评价 | 教师评价 | 总　　分 |
|---|---|---|---|
| | | | |

## 任务二　汽车照明系统的改装

### 任务导入

赵先生是一位私家车车主，他想让自己的爱车车灯更炫酷一些，但是他不懂如何改装车灯，根据你所学的知识，给赵先生讲解一下车灯可以做哪些改装？在改装过程中需要注意哪些事项？

### 知识准备

#### 一、氙气前照灯的改装

氙气灯也称 HID，即高压气体放电灯（图 4-1b）。氙气灯是重金属灯，通过在抗紫外线水晶石英玻璃管内填充多种化学气体，如氙气等惰性气体，然后再透过增压器将车载 12V 电源瞬间增至 23000V，在高电压下，氙气会被电离并在电源两极之间产生光源。氙气灯的性能较卤素灯（图 4-1a）有了显著提升，它的光

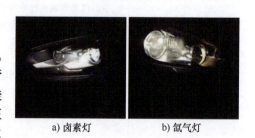

a) 卤素灯　　　b) 氙气灯

图 4-1　卤素灯与氙气灯

通量是卤素灯的 2 倍以上，电能转化为光能的效率也比卤素灯提高了 70% 以上。

与普通灯泡相比，氙气灯泡有两个显著的优点：一是，氙气灯泡拥有比普通卤素灯泡高三倍的光照强度，耗能却仅为其三分之二；二是，氙气灯泡采用与日光近乎相同的光色，为驾驶人创造出更佳的视觉条件。氙气灯使光照范围更广，光照强度更大，大大地改善了驾驶的安全性和舒适性。

(1) 氙气灯的优点

1）亮度高。亮度的单位是流明，流明越大亮度越高。一般的 55W 的卤素灯只能产生 1000 流明的光，而 35W 的 HID 能产生 3200 流明的光，亮度是卤素灯的 3 倍，因此 HID 比其他车灯照得更高、更广、更远，可大幅减少夜间行车事故。

2）色温高。HID 可以制造出 4000~12000 流明的色温光，接近正午日光的颜色，人眼的接受度及舒适度最高。

3）寿命长。HID 是利用电子激发气体发光的，并无钨丝，因而寿命长，一组 HID 气体放电灯大约为 3000h。

4）耗电少。HID 的功率一般只有 35W，而普通车灯的功率一般为 55W。

5）应急性好。当电源系出现供电问题时，HID 会延长几秒才熄灭，给驾驶人时间处理紧急情况，可极大地减少夜间行车事故。

(2) 氙气灯的组成　氙气灯一般来说由灯头（氙气灯泡）、电子镇流器（也称为安定器、稳压器、火牛等）、透镜等组成（图 4-2）。灯泡自然就不用解释了，就是发光的主要单元，色温与亮度都取决于它。安定器是为灯泡驱动时提供 23000V 的瞬时高电压的设备，同时具备保护电路过载，控制驱动电流的作用。透镜是约束光线，使光线集中在一个区域，不会到处四射。

a) 氙气灯泡　　　　b) 透镜　　　　c) 安定器

图 4-2　氙气前照灯组成

(3) 氙气前照灯的改装步骤　氙气灯与卤素灯相比，有不少优越之处，甚至逐渐成为中高端车型的基本配置。但是的氙气灯改装十分麻烦。氙气灯线路连接如图 4-3 所示。安装步骤包括防尘套的开孔、线路的更改、电源的接驳、安定器的放置等。

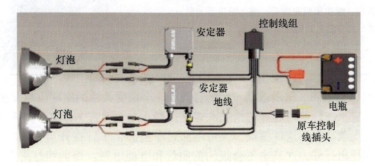

图 4-3　汽车通用型氙气前照灯线路连接图

氙气前照灯改装的步骤详见表 4-1。

表 4-1　氙气前照灯的改装步骤及图示

| 序　号 | 操作步骤 | 图　示 |
| --- | --- | --- |
| 1 | 选择合适的氙气灯 | 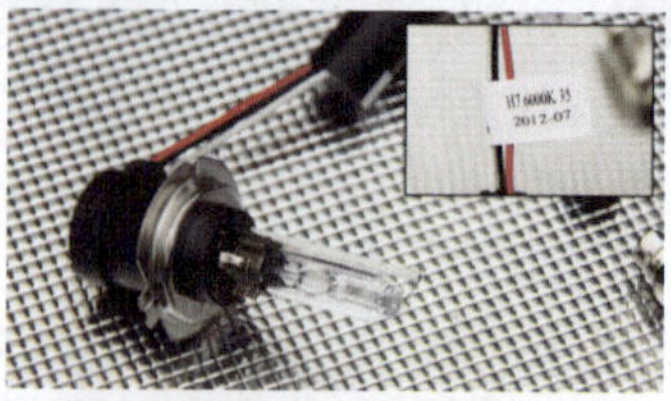 |
| 2 | 拆下近光灯的防尘罩 |  |
| 3 | 拆卸弹簧固定夹 |  |
| 4 | 取出原灯，安装氙气灯、安定器 | 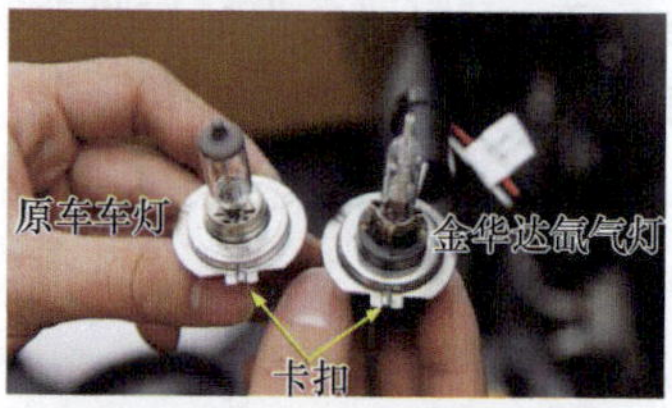 |
| 5 | 连接线路。安定器上有 2 条线口，一条与氙气灯上的电源进行接驳，另外一条则与原车的电源进行接驳，注意接驳的电源线颜色要一致 | 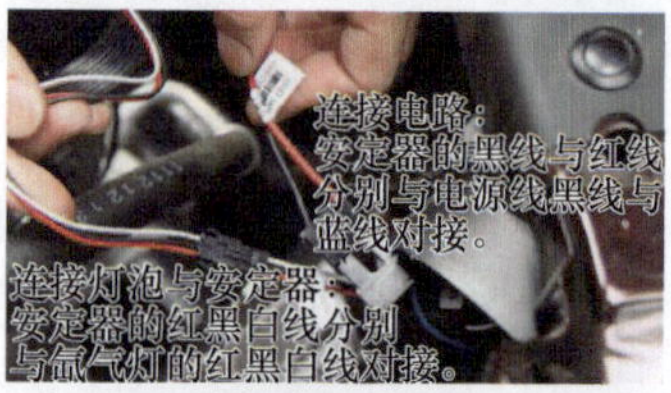 |
| 6 | 安装固定。线扣接驳完成后，盖上安定器与防尘盖，然后用铁箍把其固定 |  |

（4）改装车灯常见故障　随着改装车灯的普及，一个倍受关注的问题也越发被车友们所提及，那就是前照灯起雾进水。灯罩内起雾的情况大多是由较大的温度差异引起，冬季和雨水多发的季节最容易出现这种现象。遇到这种情况，大可不必过于担心，车灯在开启一段时间后，雾气会随着热气通过通气管排出灯外，这基本不会损伤前照灯和电器电路。而前照灯进水，是指前照灯内形成积水，灯罩内壁附着有大颗粒水珠，短期内无法自行消散，此种情况属前照灯密封问题，是不正常的。而很多前照灯进水的情况都是由于改装前照灯透镜时的手艺问题造成的，而有些不负责任的店家会以各种借口推卸责任，比如由于氙气前照灯热量低，透镜吸收了一定热量，使得水

汽蒸发速度慢等。

(5) 灯光改装误区

1) 氙气前照灯不加透镜。不加透镜的氙气前照灯的灯光将呈散射状态，不仅使得驾驶人看不清道路，还会影响到其他人。

2) 车灯贴膜。熏黑前照灯是不少整车厂推出的个性车灯。但个人随意更改或通过贴膜达到"黑"车灯的效果，往往是伴随着车灯光照度的损失，影响行车安全。

3) 过于追求亮度。功率越高的灯泡瓦数越高，电流与热量就会成倍增加，不仅影响灯具的寿命，也影响汽车电路的稳定，严重者还有造成车辆自燃的风险。

4) 过于追求高色温。超出标准的高色温灯源所发射的灯光，会在行车的时候感到灯光"刺眼"，给行车安全带来隐患。

5) 过于追求廉价。作为汽车用电设备，汽车灯光的改装切不可贪小便宜，以免造成汽车电路瘫痪，甚至汽车自燃。

## 二、日间行车灯的改装

日间行车灯（图4-4）源自于英国、加拿大以及北欧等常年受到气候影响，白天多雾的国家。由于能见度不高，汽车厂商开发出LED日行灯，后来逐步被各个国家所效仿。事实上来看，日间行车灯的广泛应用是源于欧盟强制推行的一项汽车车灯标准。2008年9月24日，欧盟委员会向外界宣布，自2011年2月7日起，欧盟境内所有新出厂的乘用车和小型货车，以及2012年8月7日起新出厂的各类货车和公共汽车都必须安装日间行车灯。

图4-4 日间行车灯

早期的这类日行灯多半采用的是卤素灯泡，虽然耗电量不大，但随着科技的进步，现在车厂们所设计的日行灯多半采用更高亮度的LED配置，能大幅降低达35%的电力，更可增加蓄电池的寿命，且最长寿命更达8000h，几乎等同于车辆的使用年限。从周围环境角度看，日行灯可提高可见度，同时让机动车更容易被看到，这项为在白天使用而专门研究的技术比现有照明装置更直接和有效。根据已有研究，如果装有日行灯，道路使用者，包括行人、骑自行车的人和机动车驾驶人都可以更早更好地察觉和识别机动车。在黑暗中驾驶人如果打开普通车灯，则日行灯自动关闭。对于汽车的日行灯，很多消费者会认为其主要的功能是装饰，而实际上，这个配置对行车安全也会起到很大的作用。它可以提供车辆的被辨识性，据统计，开启日行灯，可降低12.4%的车辆意外事故发生率，同时也可降低26.45%的车祸死亡率。

日行灯改装步骤详见表4-2。

表4-2 日行灯的改装步骤及图示

| 序号 | 操作步骤 | 图示 |
|---|---|---|
| 1 | 作业前准备工具 | 准备的工具 |

（续）

| 序　号 | 操作步骤 | 图　示 |
|---|---|---|
| 2 | 拆卸灯槽，灯槽都是卡上去的，用毛巾把螺钉旋具包起来敲下来就行，注意用力均匀，小心把卡槽撬断 | 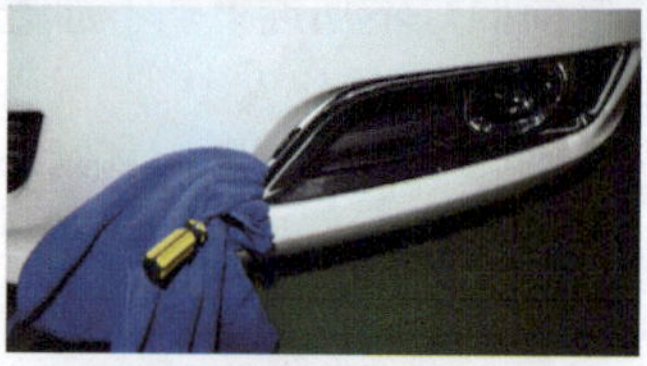 |
| 3 | 两灯罩进行对比，上面的是原灯罩，下面的为带 LED 日间行车灯的灯罩 | 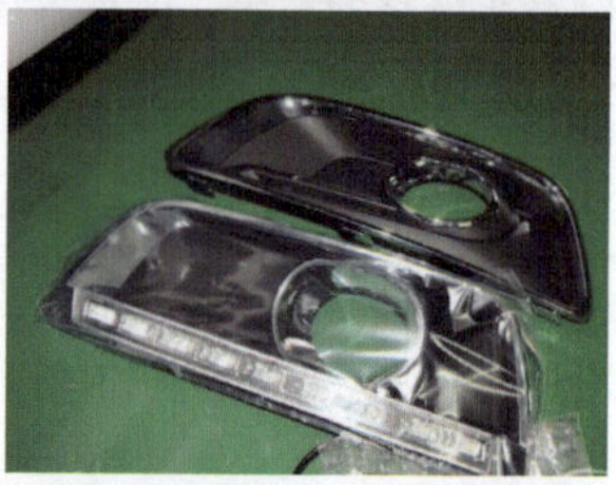 |
| 4 | 先把车轮向右打死，给左边三个螺钉拆下，留出空间操作日行灯接线 | 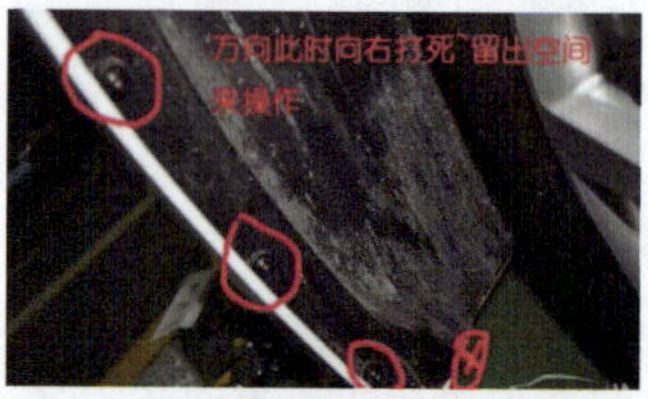 |
| 5 | 露出雾灯 | 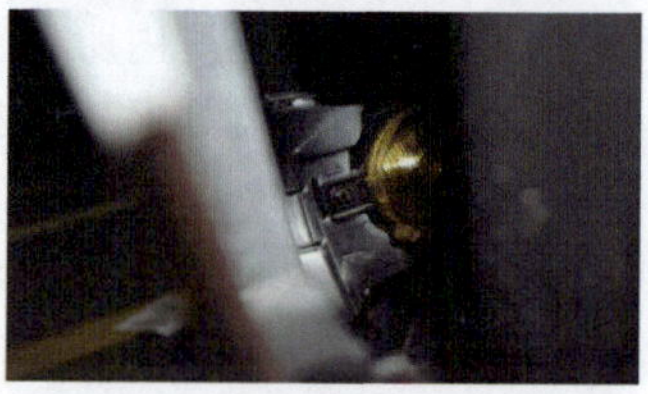 |
| 6 | 把日行灯线从雾灯侧面的缺口塞到里面去 |  |
| 7 | 将雾灯与控制盒里的左边日行灯插头连接 |  |
| 8 | 把灯罩顺卡槽扣好 |  |

## 三、转向灯的改装

转向灯（图4-5）是在机动车辆转向时开启以提示前后左右车辆及行人注意的重要指示灯。转向灯灯管采用氙气灯管，单片机控制电路，左右轮换频闪不间断工作。转向灯采用闪光器，实现灯光闪烁。布置在两侧的转向灯通常会与前后前照灯设计为一个灯组，前转向灯就像眼睛的眼影部分，好的设计师会充分发挥它的美化效果。其主要用于向其他使用道路者表明车辆动态的信号组装。安装于车辆外侧，左侧灯亮表示左转，右侧灯亮表示右转。分前转向灯、后转向灯、侧转向灯（辅助转向灯）。

图 4-5 转向灯

如今的汽车前照灯在造型上可谓是越来越酷炫，尤其在LED前照灯和激光前照灯开始配备之后，前照灯的可塑性变得更加强大。不过除了造型上的改进之外，现在一些厂商对于转向灯也开始有了新的设计。在马路上也可以看到很多带有指向性流动的转向灯，相比传统的转向灯要更有意思，这种转向灯被称为LED流水式转向灯，比如奥迪A6L、奥迪A7、奥迪A8L、奥迪Q7，包括TT和R8在内，都已经换上了可以"流动"的转向灯。现在越来越多的私家车主也开始改装这样的转向灯（图4-6）。

LED流水式转向灯改装步骤详见表4-3。

图 4-6 LED 流水式转向灯

表 4-3 LED 流水式转向灯的改装步骤及图示

| 序号 | 操作步骤 | 图示 |
|---|---|---|
| 1 | 选择合适的带有 LED 灯带的转向灯 | |
| 2 | 拆卸前保险杠，准备布线 | |

（续）

| 序号 | 操作步骤 | 图示 |
|---|---|---|
| 3 | 将转向灯上的螺钉拆掉 |  |
| 4 | 在配电盒上进行取电测试，并完成走线 |  |
| 5 | 更换新灯 |  |
| 6 | 改装完成，进行测试 |  |

任务实施

| | 图片及介绍 |
|---|---|
| 原车 |  |

项目四 汽车电气系统改装

(续)

| | 图片及介绍 |
|---|---|
| 改装后任务实施 | 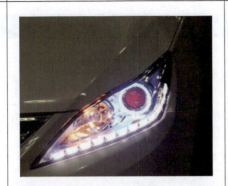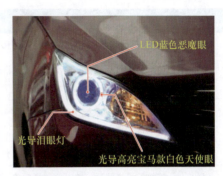 |
| 任务分析 | 长安逸动前照灯造型设计为柳叶形状,近光灯采用了透镜结构。改装后的前照灯采用 LED 蓝色恶魔眼、光导泪眼灯、光导高亮宝马款白色天使眼 |

## 任务工单

| 任务名称 | 改装氙气前照灯 | 学时 | | 班级 | |
|---|---|---|---|---|---|
| 学生姓名 | | 学生学号 | | 任务成绩 | |
| 实训设备 | 万用表、螺钉旋具、灯光检测仪等 | 实训场地 | | 日期 | |
| 任务描述 | 将原车前照灯改装成氙气灯 | | | | |
| 任务目的 | 通过教师演示,分组操作,使学生掌握改装氙气前照灯的基本方法和技巧 | | | | |

一、资讯

氙气灯也称 HID,即高压气体放电灯。氙气灯是重金属灯,通过在抗紫外线水晶石英玻璃管内填充多种化学气体,如氙气等惰性气体,然后再透过增压器将车载 12V 电源瞬间增至 23000V,在高电压下,氙气会被电离并在电源两极之间产生光源。氙灯的性能较卤素灯有了显著提升,它的光通量是卤素灯的 2 倍以上,电能转化为光能的效率也比卤素灯提高了 70% 以上。

问答题

1. 所选改装车车型_____。
2. 氙气灯由哪些组件构成_____。
3. 氙气灯的供电电压_____。

(续)

二、操作过程

| 序号 | 操作步骤 | 完成情况 |
|---|---|---|
| 1 | 关闭车辆两侧电源,并请等待车灯和发动机完全冷却 | |
| 2 | 将前照灯灯具插头、防水橡胶罩及旧灯泡取下。在有足够安装空间的情况下,可以不摘取前照灯 | |
| 3 | 取出 HID 照明系统,仔细检查后将 HID 灯泡安装在前照灯灯具灯座上。取下套在 HID 灯泡插外的保护罩,将 HID 灯泡装入前灯,切忌硬塞、硬转,注意不能用手碰触灯泡 | |
| 4 | 在防水橡胶罩后钻一小孔,将 HID 灯泡线束引出,并需确认防水圈与橡皮罩密封 | |
| 5 | 连接好灯泡线后,盖上前照灯后盖,确保压力弹簧安装到位 | |
| 6 | 将镇流器输入端(12V 直流电源)与车辆前照灯灯具供电端连接,并将镇流器输出端与灯泡的插接器接好。用安装支架把安全器固定在通风、散热好的地方,再用扎带固定好线组 | |
| 7 | 检查所有安装步骤,确认正负极正确无误后,发动车辆,接通电源使灯点亮 | |
| 8 | 检查光源所射出光束的高度、距离及光形,并作调整,使之符合交通法规要求 | |

三、检查

任务完成后,进行如下检查:

1. 检查仪器、工具、设备是否复位:_____
2. 检查场地是否清洁:_____。
3. 检查任务工单是否填写完整:_____。

四、评估

1. 请根据自己任务完成的情况,对自己的工作进行自我评估,并提出改进意见。

1)_____

2)_____

2. 工单成绩(总分为自我评价、组长评价和教师评价得分值的平均值)

| 自 我 评 价 | 组 长 评 价 | 教 师 评 价 | 总　　分 |
|---|---|---|---|
| | | | |

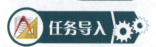

任务三　汽车音响的改装

### 任务导入

王先生是一位私家车的车主,他非常喜欢重金属质感的音乐,他想在车上加装一款音响,但不知道该如何进行改装。你能告诉小王关于汽车音响改装的一些知识吗?

## 项目四 汽车电气系统改装

### 知识准备

#### 一、车内隔音的改装

汽车隔音是指根据车辆的性能、相应的路况、使用的条件，对发动机噪声、轮胎与路面产生振动的共鸣声、车厢内组件因间隙或老化产生的摩擦声等所做的处理，以提高汽车乘坐的舒适性。汽车越来越大众化，而人们对驾车的环境要求越来越高，所以做汽车隔音成为了大众消费的一个趋势。常见的隔音材料包括隔音板、隔热棉、铝箔棉、隔音密封胶条、底盘装甲胶等（图4-7）。

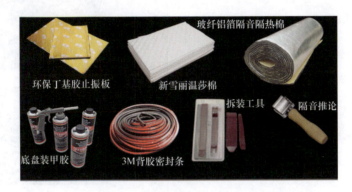

图4-7 汽车常用隔音材料及工具

（1）隔音工程的主要功能

1）降低车内噪声。汽车隔音工程能将发动机的轰鸣声、车身的振动声、车轮的摩擦声等噪声有效地消除和隔挡，从而营造一个宁静的车内空间，提高乘座的舒适性。施工后噪声可降低7～8dB。

2）改善音响效果。实施汽车隔音工程后，消除了车身金属的共振，同时又有良好的吸音作用，使音响更加清晰、混厚。

3）降低车内温度。隔音工程不仅可隔音，而且还可隔热，能将发动机的高温隔挡在室外，从而使车内温度降低。

4）延缓漆膜老化。发动机的高温容易使漆膜老化变色，实施隔音工程可有效地隔音，对汽车漆膜有极好的保护作用。

（2）隔音的途径

1）吸音。吸音是用特种被动式材料来改变声波的方向，以吸收其能量。合理的布置吸声材料，能有效降低声能的反射量，达到吸音降噪的作用。

2）隔音。隔音是用某种隔音材料将声源与周围环境隔开，使其隔射的噪声不能直接传播到周围区域，从而达到控制噪声的目的。

3）减振。减振就是在易产生振动的区域安装弹性材料或元件，隔绝或衰减振动的传播，从而实现减振降噪的目的。

4）密封。密封不仅能阻隔噪声的传播通道，避免气流分离，还可扰乱周期性的尾流，从根本上降低风噪。

（3）汽车隔音处理的步骤　汽车隔音处理的步骤详见表4-4。

表 4-4 隔音处理的步骤及图示

| 序号 | 操作步骤 | 图示 |
|---|---|---|
| 1 | 准备工作,将汽车铺上护罩,防止刮碰 |  |
| 2 | 进行门板内层隔音处理 |  |
| 3 | 进行底盘第一层隔音处理(减振板) |  |
| 4 | 进行底盘第二层隔音处理(隔音棉) |  |
| 5 | 尾箱隔音处理 |  |
| 6 | 前翼子板隔音 |  |
| 7 | 发动机盖隔音 | 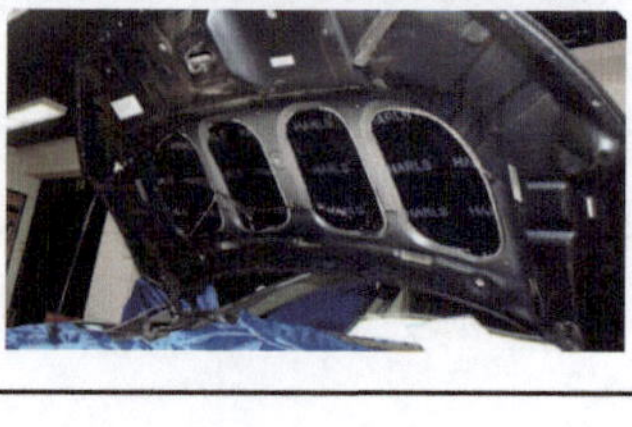 |

项目四　汽车电气系统改装

## 二、扬声器的改装

汽车扬声器（图4-8）俗称汽车喇叭，是音响系统中不可或缺的重要器材。所有的音乐都是通过汽车扬声器发出声音，供人们聆听、欣赏。作为将电能转变为"声能"的唯一器材，汽车扬声器的品质、特性，对整个音响系统的音质，起着决定性作用。由于汽车的特殊性，无法在汽车内安装像家庭影院一样的通用的音箱，而是直接将各个汽车扬声器安装在汽车上，一辆高档汽车甚至要安装十多个汽车扬声器。

图4-8　汽车扬声器

要让汽车扬声器表现出极佳的音色与定位感，与家用音响相比，其技术要求与困难程度都要高出许多。汽车扬声器的不利因素繁多而复杂，因为在汽车内部空间里，存在一些房屋内所没有的不利因素：窄小的空间，不规则的物体，复杂的环境（噪声、振动、车用材料等）以及汽车扬声器的安装位置（受汽车内外造型所限）；更重要的是聆听位置不佳，偏左、偏右两方；而且由于汽车扬声器的指向并非正面平均对称，导致了复杂的频率，相位差与波峰、波谷、驻波、反射性时差，混响时间过长（共鸣）等，这些问题都不利于聆听。尽管如此，我们还是可以通过了解音响系统器材的属性、用途、类别、相容性以及汽车扬声器的特性，加上正确的安装经验与技巧，正确处理不同频宽汽车扬声器的安装位置，保持其良好的指向性，与相容的功率放大器作技术性调校，最终获得良好的效果。

（1）**汽车扬声器种类**

1）电动式扬声器（图4-9）：汽车扬声器可分为电动式扬声器、锥形扬声器、平板扬声器和球顶扬声器。电动式扬声器实际上是一种电—力—声能量转换器。当音频信号电流流经扬声器的音圈时，音圈中音频电流产生的交变磁场与永久磁体产生的强恒磁场相互作用使音圈发生机械振动，即将电能转换成了机械能，而音圈的上下振动则带动振膜，使周围的空气出现相应振动，将机械能再转换成声能。电动式扬声器具有结构简单、频响宽和失真小的特点，因此在扬声器系统中应用最为广泛。

2）锥形扬声器（图4-10）：锥形扬声器是目前应用最广泛的一种扬声器。锥形扬声器根据锥盆形状的不同通常有圆形扬声器和椭圆形扬声器两种，椭圆形扬声器主要是为了适应电视机和缩小收音机体积的需要而设计制造的，目前在电视机和汽车音响中使用较多。锥形扬声器根据不同的使用频率范围可分为全频带扬声器、低频扬声器、中频扬声器和高频扬声器四种。

图4-9　电动式扬声器　　　　　图4-10　锥形扬声器

3）平板扬声器（图4-11）：将锥形扬声器的锥形振膜展开成一个平面，使扬声器音圈直接推动一块平面振膜，这样可以使振膜推动更多的空气。为了消除锥形扬声器的这种前室效应，提高扬声器的转换效率，人们进行了种种尝试，用不同的平板材料取代扬声器锥盆，终于成功地研制生产出平板扬声器。扬声器的振膜必须要有良好的刚性。人们当初将扬声器振膜设计成圆锥形就是考虑到圆锥形物体具有良好刚性的缘故。现在一旦将圆锥形振膜展开放平，首先迫切需要解决的问题就是如何提高平面振膜的刚性，当然，我们可以通过适当增加平面振膜厚度的方法来增加它的刚性，但这种方法在增加振膜刚性的同时也增加了振膜的质量，扬声器振膜质量过大又会给扬声器的高频特性带来不利。因此，选择质量轻、刚性好的振膜材料是制作平板扬声器的关键。

4）球顶扬声器（图4-12）：球顶扬声器最大优点是中高频响应优异和指向性较宽。此外，它还具有瞬态特性好、失真小和音质好等优点。

图4-11　平板扬声器　　　　　　　图4-12　球顶扬声器

(2) 扬声器改装注意事项　驾车外出途中，一边看着车外的美景一边欣赏音乐，被很多车主当成一种享受。可大多数车辆的音响效果不能满足要求，特别是离发烧友们的要求差距更大。为此，很多车主会对车载音响进行改装。以下几点是在改装中的注意事项。

1）三四千元产品即可满足需要。现在市面上的音响产品，价位从2000元到20万元都有，汽车改装店有时会推荐一些价格贵的产品给车主，因此选购时要保持冷静，一定要根据自己的实际需要来选择音响。在音响店里的试音间里的效果，在车内是无法达到的。比如，一些低档车由于风噪、路噪、隔音和内饰材质的原因，再好的音响装在车里效果也不能完全体现，而只能达到某一个程度，因此只要买一款与车辆档次相匹配的音响即可。

2）过了保修期再改。在刚买新车后最好不要进行音响改装，等车辆的保修期过了以后再改。因为对于车主自己改装的线路所引起的问题，比如仪表的线路坏了，4S店是不负责保修的，这就等于车主自己放弃了保修的权利。

3）找专业店改。对于一些新车，有的改装店可能从来未接触过，最好不要选择这样的店。车主可以在改装中观察工人对自己车型的熟练程度。比如，有的工人在拆面板时就花了很长的时间，那么就可以判断他对这个车型肯定不熟悉。

4）扬声器功率不要贪大。扬声器的功率越大，价钱也越高，因此很多车主认为功率越大越好，专家认为这其实是不对的。其一，扬声器分为峰值功率和保真功率两种，一般产品标有的都只是峰值功率，这是扬声器能够达到的最大功率，但是一般这最大功率平时是用不着的，即使开到那么大声，声音也无法保真。其二，音响功率如果超过了与车辆电器匹配功率，会使车辆蓄电池长期处于亏电状态，影响蓄电池的使用寿命。

5）后排常坐人勿装低音炮。后排经常有老人或孩子乘坐，而低音炮等一般也放在后面，因此这样的车主应该选择音响效果均衡一些的、以保真为主的产品，而不要选择那些低音很重、表现力很强、功率很大的音响产品。另外，可以不装低音炮，对于把后扬声器装在C柱上的做法也要慎重。

(3) 扬声器改装步骤　大多数车上的原装扬声器都是单元扬声器，其结构简单，只能表现中频范围，表现为高音不亮，低音不厚，属低档产品。很多人在购车后会给自己的爱车加装套装扬声器，套装扬声器是由高音扬声器（高音仔）、中音扬声器、分频器等组成的。常用的有二分频和三分频两种，其优点是有利于声场的定位。扬声器改装步骤详见表4-5。

**表 4-5 扬声器改装步骤及图示**

<table>
<tr><th>序 号</th><th>操作步骤</th><th>图 示</th></tr>
<tr><td>1</td><td>列配置清单</td><td>
<table>
<tr><th>配置</th><th>品牌</th><th>型号</th><th>数量</th></tr>
<tr><td>主机</td><td>歌航</td><td>DSD-H1Pro播放器</td><td>一台</td></tr>
<tr><td>前级</td><td>无极声频</td><td>DSP-H8处理器</td><td>一台</td></tr>
<tr><td>前声场</td><td>绅士宝</td><td>CS6.2两分频</td><td>一套</td></tr>
<tr><td>功放一</td><td>创世纪</td><td>BE GT 4</td><td>一台</td></tr>
<tr><td>功放二</td><td>海利斯</td><td>1000.1</td><td>一台</td></tr>
<tr><td>电容</td><td>VP</td><td>1F电容组</td><td>一只</td></tr>
<tr><td>超低音</td><td>DD</td><td>LE-M08八寸超低音</td><td>一套</td></tr>
<tr><td>线材</td><td>Mps</td><td>音频线，喇叭线</td><td>若干</td></tr>
</table>
</td></tr>
<tr><td>2</td><td>准备按照配置清单准备材料</td><td>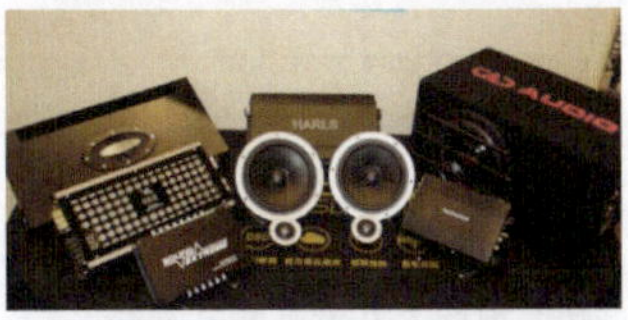</td></tr>
<tr><td>3</td><td>进行全车隔音处理</td><td>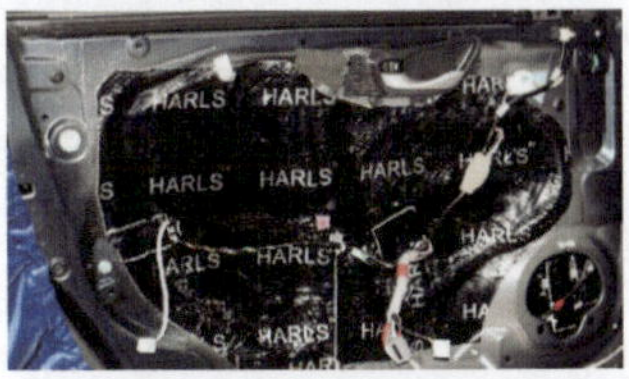
</td></tr>
<tr><td>4</td><td>中低音安装</td><td>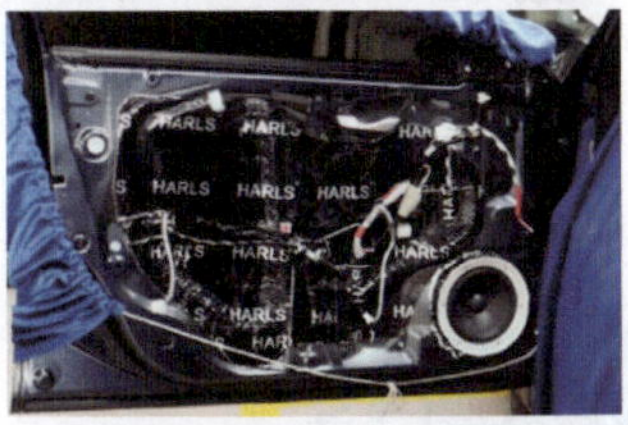
</td></tr>
<tr><td>5</td><td>安装高音部分，高音安装在原装的高音位</td><td>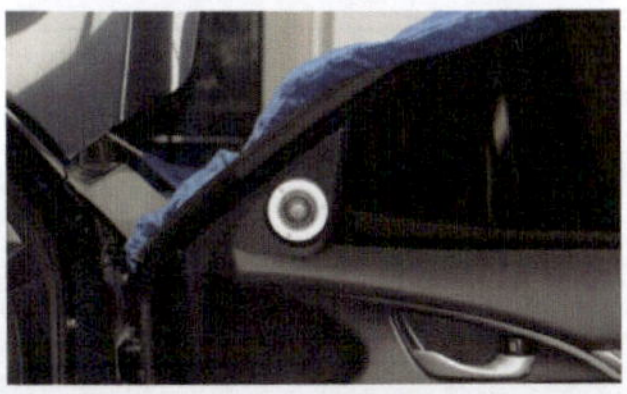</td></tr>
<tr><td>6</td><td>制作线束，12V 电源和搭铁线</td><td>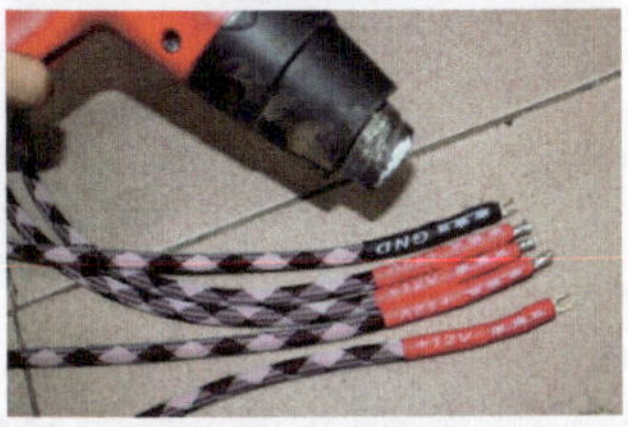</td></tr>
<tr><td>7</td><td>排线</td><td>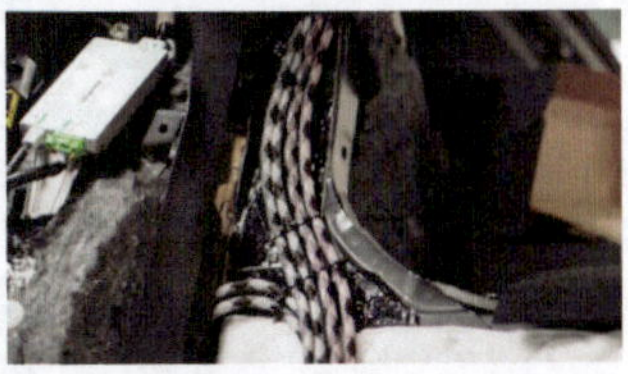</td></tr>
</table>

（续）

| 序　号 | 操作步骤 | 图　示 |
|---|---|---|
| 8 | 在座椅底下安装 DSD 播放器 | |
| 9 | 在座椅底下安装音频处理器 | |
| 10 | 改装完成 | |

## 任务实施

| | 图片及介绍 |
|---|---|
| 原车 | |

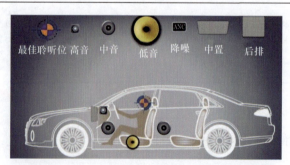

项目四　汽车电气系统改装

（续）

| | 图片及介绍 |
|---|---|
| 原车 | <br>后排只有一组扬声器单元,这支扬声器为中高音单元。　　低音单元被放置在前排座椅下方,这是BMW音响系统的特点。 |
| 改装后 |  <br> <br>  |

(续)

| 任务分析 | 图片及介绍 |
|---|---|
| | BMW 328Li 使用了前三分频音响，而后排只有一组扬声器，这个单元为中高音单元，但中音相对较好。改装后在尾箱加装 12in 超低音低音喇叭，两个手掌印的功放透气孔，专用音频解码器。音源改装为先锋 ODR 一代主机和二代解码。车内前方三对喇叭改为意大利 PHD AF6.3 顶级但分频套装。改装后，音响效果得到了大幅提升 |

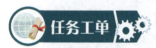

| 任务名称 | 汽车音响改装 | 学时 | | 班级 | |
|---|---|---|---|---|---|
| 学生姓名 | | 学生学号 | | 任务成绩 | |
| 实训设备 | 万用表、常用拆装工具等 | 实训场地 | | 日期 | |
| 任务描述 | 更换原车扬声器、主机及功放 | | | | |
| 任务目的 | 通过教师演示，分组操作，使学生掌握改装音响的基本方法和技巧 | | | | |

一、资讯

汽车音响改装就是对汽车进行音响改装升级，其目的就是满足车主朋友对汽车音乐的需求。首先，改装汽车音响最需要注意的一点就是——你究竟喜欢什么风格的音乐！汽车音响生产商们对于不同的音乐风格，都会生产不同类型的喇叭。所以，只有你清楚了自己喜欢的音乐，才能选择最适合你的汽车音响。然后便是你的预算，既你打算用多少钱来改装汽车音响！根据自己实际情况，来对爱车进行汽车音响改装。

二、简答题

1. 汽车扬声器都可以安装在车上什么位置？

2. 分析汽车音响改装的发展趋势？

三、操作过程

| 序号 | 操作步骤 | 完成情况 |
|---|---|---|
| 1 | 汽车音响改装施工前准备，车辆防护及工具准备 | |
| 2 | 电源线施工，正确连接蓄电池端导线，安装电源熔丝 | |
| 3 | 音频线施工，对音频线进行布线并做好减振工作 | |
| 4 | 主机安装并固定主机架 | |
| 5 | 扬声器安装，对A柱、车门进行改装 | |
| 6 | 功放安装及功放线连接，正确选择功放位置 | |

四、检查

任务完成后，进行如下检查：

1. 检查仪器、工具、设备是否复位：_____。

2. 检查场地是否清洁：_____。

3. 检查任务工单是否填写完整：_____。

五、评估

1. 请根据自己任务完成的情况，对自己的工作进行自我评估，并提出改进意见。

2. 工单成绩（总分为自我评价、组长评价和教师评价得分值的平均值）

| 自 我 评 价 | 组 长 评 价 | 教 师 评 价 | 总　　分 |
|---|---|---|---|
| | | | |

项目四　汽车电气系统改装

## 任务四　汽车安全装置的加装

李先生是一位私家车的车主，他十分注重汽车的行驶安全性，想通过一些外加电子设备来增加汽车的安全性能。请你根据所学的知识给李先生讲解一下汽车上可以加装哪些电子设备，都需要注意哪些事项？

### 一、汽车防盗装置的加装

随着科学技术日新月异的发展，为了能够对付不断变化的盗车手段，人们开发出各式各样结构的汽车防盗器材。它的工作原理是将防盗器连接到汽车电路上，从而以达到防止汽车被盗，保护汽车不被损坏、盗窃的各种功能的目的。

**(1) 汽车防盗装置的种类**

1）机械式防盗装置。机械式防盗装置是比较常见的装置，它主要是利用简单的机械式原理锁住汽车上的某一机构，使其不能有效发挥应有的作用，以达到防盗的目的。市场上常见的机械式防盗装置有防盗器、中控锁、排档锁、转向盘锁等。

2）电子式防盗装置。由于机械锁具有只能防盗不能报警的问题，电子报警防盗器便应运而生。汽车电子防盗装置是建立在原有中央门锁的基础上，加设防盗系统的控制电路，在防止汽车不被移动的同时报警，电子防盗器是目前比较理想的防盗装置。当有行窃者盗窃汽车或者汽车上的物品时，电子防盗器不仅可以切断汽车上的各条电路，同时还可以将制动锁死，并且还会发出不同的声光信号进行报警，以达到在精神上阻吓偷窃者的目的，进而有效地阻止汽车偷盗行为。

3）芯片式防盗装置。芯片式防盗系统又称密码防盗系统，它是利用大规模集成电路芯片和单片机技术制成的车用电脑防盗系统。其基本原理是用密码钥匙锁住汽车的电机、电路和油路，在没有钥匙的情况下无法起动车辆。它不仅比以往的电子防盗系统更有效地起到防盗作用，还具有其他先进之处：它采用独特的射频识别技术（RFID），可以保证系统在任何情况下都能识别驾驶人，在车主接近或远离车辆时可自动识别其身份，自动打开或关闭车锁。无论车内还是车外，防盗系统总能够探测到电子钥匙的位置。

4）网络式（GPS）防盗装置。该系统除了有防盗功能外，还有车辆定位、反劫报警、遥控熄火、车内监听、抛锚救援、路况信息、人工导航、车辆查询等多种功能。它由卫星监控中心的中央控制系统、车辆上的移动GPS终端设备及GSM通信网络组成。当车辆遭到外界破坏性撞击时，车内报警系统将自动激活，报警信号通过GSM网络传送到监控中心，监控中心就会迅速采取处理措施并通知车主。该类系统的技术含量较高，由政府配合公安部门设立监控中心，车主每年还要向监控中心交纳不菲的费用，所以推广起来难度较大，目前仅少数发达国家在试用。

**(2) 防盗器的安装步骤**　现在路上的汽车越来越多，很多汽车车主都安装了防盗器。常见的防盗器有铁将军防盗器，铁将军防盗器是汽车中经常使用的防盗器品牌。铁将军防盗器是新一代的高科技汽车防盗产品，它不仅具有普通防盗器的全部功能，还有手机控制、远程报警等很多功能。其详细加装步骤见表4-6。

表 4-6 铁将军防盗器加装步骤及图示

| 序 号 | 操作步骤 | 图 示 |
|---|---|---|
| 1 | 准备相关设备及工具 |  |
| 2 | 根据相关书明书进行线路连接 | 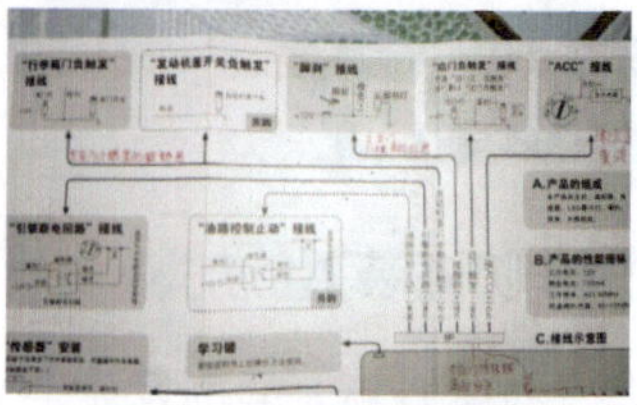 |
| 3 | 将铁将军防盗器 6P 插接器中白线接入保险盒中 ACC 电源线 | 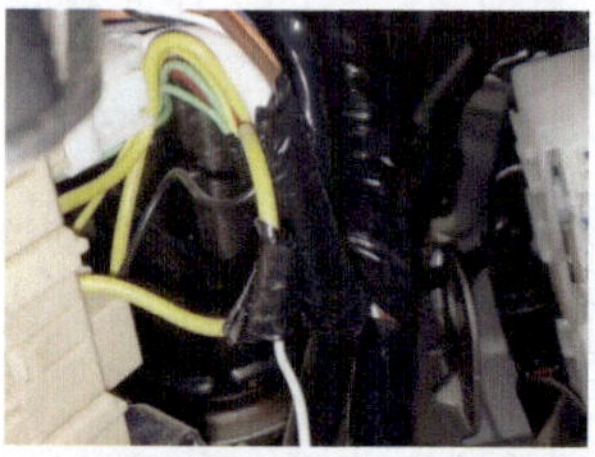 |
| 4 | 将铁将军防盗器 6P 插接器中蓝线接入四个车门触发线路中（门灯），并用绝缘胶布粘在一起 | 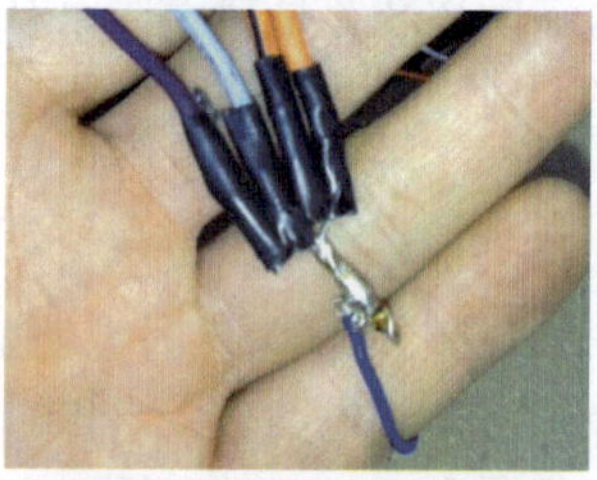 |
| 5 | 将铁将军防盗器 6P 插接器中橙色线接入驻车制动电路中 | 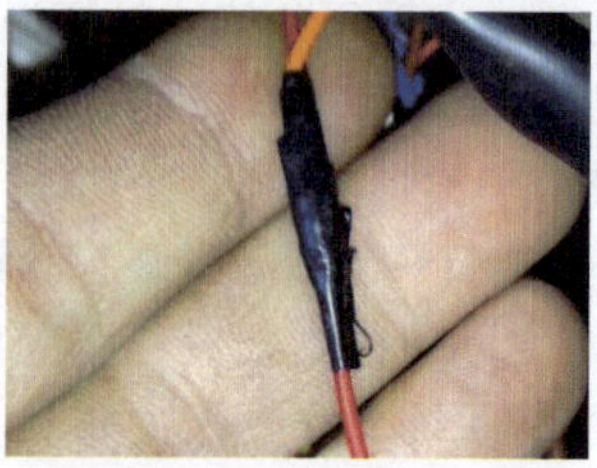 |
| 6 | 将铁将军防盗器 6P 插接器中棕白线接入行李箱负触发线（粉色） |  |

项目四 汽车电气系统改装    97

(续)

| 序号 | 操作步骤 | 图示 |
|---|---|---|
| 7 | 同样根据电路说明书接中 6P 插接器，中 6P 为中控锁配线，主机的橙色和橙黑色不接，黄色和黄黑接地，白色接左前门 8 根线里的灰色，白黑接左前门 8 根线里的棕色 | |
| 8 | 同样根据电路说明书接大 6P 插接器，黑色是接地，行李箱开启红黑色接左前门 15 根线里的红色，红色是主机电源线 12V 接在保险盒里驻车灯的 12V 上，粉红色喇叭线从前门穿出再套个塑料管增加绝缘，棕色是左转向灯接左前门 15 根线里的紫色，棕色是右转向灯接方向机旁边白盒里的细白色线 | |
| 9 | 安装传感器，用双面胶粘在门边，安装 LED 警示灯，粘在风挡下面中控台上 | |
| 10 | 固定主机，安装在保险盒后面 | |

## 二、倒车雷达装置的加装

倒车雷达（图 4-13）是汽车驻车或者倒车时的安全辅助装置，能以声音或者更为直观的显示告知驾驶人周围障碍物的情况，解除了驾驶人驻车、倒车和起动车辆时前后左右探视所引起的困扰，并帮助驾驶人解决了视野死角和视线模糊的问题。通常是在车的后保险杠或前后保险杠设置雷达侦测器，用以侦测前后方的障碍物，帮助驾驶人"看到"前后方的障碍物，或停车时与它车的距离，此装置除了方便停车外更可以保护车身不受刮蹭。倒车雷达是以超音波感应器来侦测出离车最近的障碍物距离，并发出警笛声来警告驾驶人。而警笛声音的控制通常分为两个阶段，当车辆的距离达到某一开始侦测的距离时，警笛声音开始以某一高频的警笛声鸣叫，而当车行至更近的某一距离时，则警笛声改以连续的警笛声，来告知驾驶人。倒车雷达的优点在于驾驶人可以用听觉获得有关障碍物的信息，或它车的距离。倒车雷达系统主要是协助

图 4-13　倒车雷达

停车的，所以当达到或超过某一车速时系统功能将会关闭。

(1) 倒车雷达的主要功用

1）准确的测出车尾与最近障碍物间的距离。

2）倒车至极限距离时，能发出急促的警告声提醒驾驶人注意制动。

3）能重复发出语音警告声，提醒行人注意。

(2) 倒车雷达装置的组成　倒车雷达主要由超声波传感器、控制器和显示器或蜂鸣器组成。

1）超声波传感器（图4-14）：主要功能是发出和接收超声波信号，然后将信号输入到主机里面，通过显示设备显示出来。

2）控制器（图4-15）：对信号进行处理，计算出车体与障碍物之间的距离及方位。

3）显示器或蜂鸣器（图4-16）：当传感器探知汽车距离障碍物的距离达到危险距离时，系统会通过显示器和蜂鸣器发出警报，提醒驾驶人。

图4-14　超声波传感器　　图4-15　控制器　　图4-16　显示器或蜂鸣器

(3) 倒车雷达的加装步骤　倒车雷达的加装步骤详见表4-7。

表4-7　倒车雷达加装步骤及图示

| 序号 | 操作步骤 | 图示 |
|---|---|---|
| 1 | 量准尺寸，确定四个探头的位置 | |
| 2 | 钻孔，倒车雷达里面有提供打眼的钻头 | |
| 3 | 开始布线 | |

项目四　汽车电气系统改装

（续）

| 序　号 | 操作步骤 | 图　示 |
|---|---|---|
| 4 | 把行李箱右侧的小盒盖抠开，里面可以找到倒车灯的电路插头，倒车雷达的供电就是并连在这个倒车灯的线上 | |
| 5 | 安装雷达小屏幕 | |
| 6 | 安装完成 | |

### 三、汽车安全预警装置的加装

传统的安全理念很被动，比如安全带、安全气囊、保险杠等多是些被动的方法，并不能有效解决交通事故的发生。随着科技的进步，出现了新的汽车安全和防碰撞技术，包括车道偏离警告、障碍物检测、自动紧急制动、盲点检测、行人检测、曲线测速预警、嗜睡警报和翻滚保护系统等。我们通常所说的安全预警装置主要指的是汽车防撞预警系统（图4-17），主要用于协助驾驶人避免高速、低速追尾，高速中无意识偏离车道，与行人碰撞等重大交通事故。汽车防撞预警装置像第三只眼一样帮助驾驶人，持续不断地检测车辆前方道路状况，可以识别、判断各种潜在的危险，并通过不同的声音和视觉提醒，以帮助驾驶人避免或减缓碰撞事故。

图 4-17　汽车防撞预警装置

(1) 汽车碰撞预警装置的功能

1) 车距监测及预警：系统不间断地监测与前方车辆的距离，并根据与前方车辆的接近程度提供三种级别的车距监测警报。

2) 汽车越线预警：在转向灯没有打开的情况下，车辆穿过各种车道线前约0.5s系统产生越线警报。

3）前向碰撞预警：系统警示驾驶人与前方车辆即将发生碰撞。当本车辆按当前行驶速度与前方车辆的可能碰撞时间在2s内时，系统将产生声、光警告。

4）其他功能：限速警示、车道偏离预警、智能导航、休闲娱乐、智能远光灯控制、雷达预警系统（可选）、胎压监测（可选）、数字电视（可选）、倒车后视（可选）。

(2) 汽车碰撞预警装置的组成　汽车碰撞预警装置由信号采集系统、数据处理系统和执行机构组成，如图4-18所示。

1）信号采集系统：采用雷达、激光、声纳等技术自动测出本车速度、前车速度以及两车之间的距离。

2）数据处理系统：计算机芯片对两车距离以及两车的瞬时相对速度进行处理后，判断两车的安全距离，如果两车车距小于安全距离，数据处理系统就会发出指令。

3）执行机构：负责实施数据处理系统发来的指令，发出警报，提醒驾驶人制动，如驾驶人没有执行指令，执行机构将采取措施，比如关闭车窗、调整座椅位置、锁死转向盘、自动制动等。

(3) 汽车防撞预警装置加装步骤　大多数汽车防撞预警装置的加装必须由专业人员进行，并且进行相关电脑程序的编程，最后进行软件的调试，其步骤详见表4-8。

图4-18　汽车碰撞预警装置组成

表4-8　汽车防撞预警装置加装步骤及图示

| 序号 | 操作步骤 | 图示 |
| --- | --- | --- |
| 1 | 安装前准备工作：1）检查车体及内饰是否有故障；2）检查车辆机械性能（转向、前照灯、制动、速度、刮水器）；3）保护内饰；4）设计显示器和数据处理系统（主机）的位置；5）清点产品部件 | |
| 2 | 产品线路的安装：1）内饰拆卸；2）查找相关信号线；3）连接通信CAN BUS总线 | 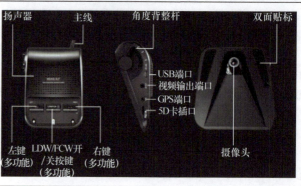 |

（续）

| 序号 | 操作步骤 | 图示 |
|---|---|---|
| 3 | 数据处理系统（主机），各部件与 PS3（接线盒）相连接 |  |
| 4 | 试驾测试 | 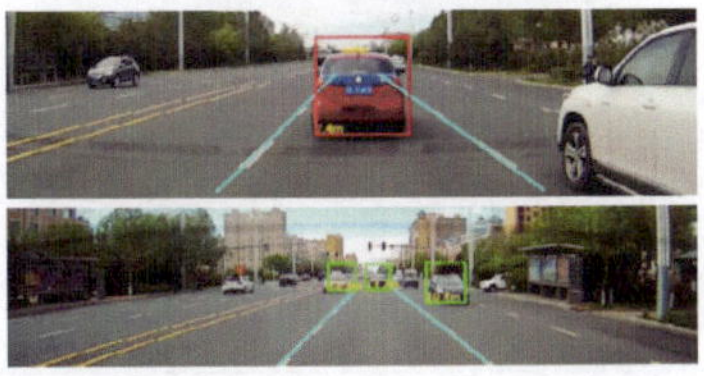 |

### 四、汽车电子狗的加装

"汽车电子狗"又叫安全驾驶提醒仪，它是一种车载装置，作用是提前提醒车主。电子眼或测速雷达的存在，可防止因为超速或违规而被罚款和扣分，让驾驶人有防备地尽享驾驶乐趣。

合理的安装和使用电子狗是非常重要的，这样才能让电子狗发挥到最大的效果。一般情况下，由于电子狗接收雷达/GPS 信号会被阻挡而导致效果不明显，从而出现漏报或误报的情况。因此，车载电子狗必须安放在正确的位置，这样才能发挥电子狗的最大作用。汽车电子狗加装步骤详见表 4-9。

表 4-9 汽车电子狗加装步骤及图示

| 序号 | 操作步骤 | 图示 |
|---|---|---|
| 1 | 安装电子狗支架 |  |
| 2 | 粘贴 3M 胶 |  |
| 3 | 将电子狗固定到窗前 |  |

（续）

| 序　号 | 操作步骤 | 图　示 |
|---|---|---|
| 4 | 将电源线连接到点烟器上 | |
| 5 | 沿着车边隐藏走线 | |
| 6 | 将电子狗电源线接通 | |
| 7 | 打开点烟器端的开关 | |
| 8 | 进行测试 | |

## 五、汽车 GPS 的加装

汽车导航系统（图 4-19）即车载 GPS 导航系统，其内置的 GPS 天线会接收到来自环绕地球的 24 颗 GPS 卫星中的至少 3 颗所传递的数据信息，结合储存在车载导航仪内的电子地图，通过 GPS 卫星信号确定的位置坐标与此相匹配，进行确定汽车在电子地图中的准确位置，这就是平常所说的定位功能。在定位的基础上，可以通过多功能显视器，提供最佳行车路线，前方路况以及最近的加油站、饭店、旅馆等信息。

图 4-19　汽车导航系统

## 项目四 汽车电气系统改装

### (1) GPS 功能

1）地图查询。可以在操作终端上搜索目的地的位置。可以记录常去地方的位置信息，并保留下来，也可以和别人共享这些位置信息。模糊的查询附件或某个位置附近的加油站、宾馆、取款机等信息。

2）路线规划。GPS 导航系统会根据驾驶人设定的起始点和目的地，自动规划一条线路。规划线路可以设定是否要经过某些途径点。规划线路可以设定是否避开高速等功能。

3）自动导航。语音导航：用语音提前向驾驶人提供路口转向，导航系统状况等行车信息，就像一个懂路的向导告诉驾驶人如何驾车去目的地一样。导航中最重要的一个功能，使驾驶人无需观看操作终端，通过语音提示就可以安全到达目的地。画面导航：在操作终端上，会显示地图，以及车辆现在的位置、行车速度、目的地的距离、规划的路线提示、路口转向提示的行车信息。重新规划线路：当驾驶人没有按规划的线路行驶，或者走错路口时候，GPS 导航系统会根据驾驶人现在的位置，为驾驶人重新规划一条新的到达目的地的线路。

### (2) 汽车 GPS 加装步骤

汽车 GPS 加装步骤详见表 4-10。

表 4-10 汽车 GPS 加装步骤及图示

| 序号 | 操作步骤 | 图示 |
| --- | --- | --- |
| 1 | 原车内饰 |  |
| 2 | 准备待更换装置 | 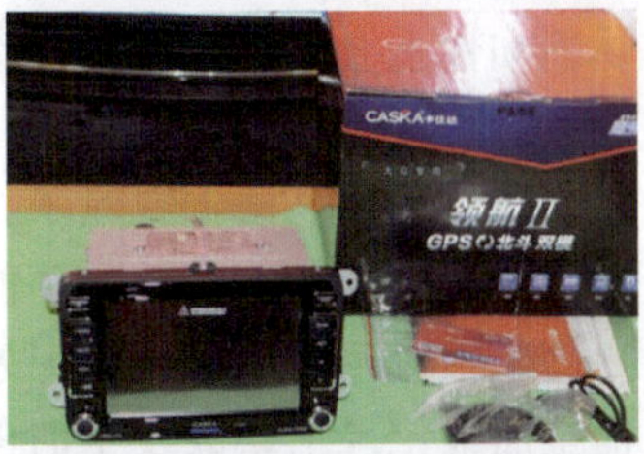 |
| 3 | 安装导航之前将原车机子拆下来 |  |
| 4 | 安装新导航线束 |  |

(续)

| 序号 | 操作步骤 | 图示 |
|---|---|---|
| 5 | 进行通电测试 | |
| 6 | 安装完成 | |

## 六、汽车行车记录仪的加装

汽车行车记录仪又称汽车工作信息记录仪、汽车安全信息记录仪，也有人将其形象地称为汽车电子警察。它能完整、准确地记录汽车行驶状态下的有关情况，能将汽车行驶轨迹完整地记录下来，并通过专用软件在电脑上再现。新一代汽车行车记录仪在功能、体积和性能方面已取得了较大的突破。一般来说，该产品体积只有香烟盒般大小（图4-20），能防潮、防水、防腐和耐高温。它除了具有传统的行车记录仪所拥有的事故分析功能外，还能在驾驶人超速行驶时发出超速报警声。汽车行车记录仪是创新的录影系统，能全面地记录下事故发生时的汽车数据。当

图4-20 汽车行车记录仪

有意外发生时，汽车行车记录仪内置的G-Sensor便会感应到紧急制动、突然加速、急速转弯或突然撞车等情况，记录发生意外时前后20s的情况。另外，汽车行车记录仪还可以记录语音、地点及速度等数据。

(1) 汽车行车记录仪的功能

1) 自检功能。记录仪通电后会对系统各部件及接口进行检测，自检通过后"嘀"一声响提示用户记录仪开始正常工作。

2) 具有身份识别功能。驾驶人每次开车时利用U盘验证身份，记录仪分类保存每个驾驶人的行驶数据。

3) 车辆行驶时间、速度、里程的记录及存储功能。详实记录存储车辆行驶的时间、速度及里程。

4) 超速报警及记录功能。当汽车超过预先设置的超速值时，会第一时间报警提醒，并记录下来。

5) 超时驾驶（疲劳驾驶）报警及记录功能。驾驶人连续驾驶接近4h，记录仪会声音提示，

## 项目四 汽车电气系统改装

超过 4h 就开始记录。

6)具有事故疑点记录分析功能。记录仪会以 0.2s 间隔记录事故发生前 20s 车辆行驶速度、制动等信息。

7)显示打印功能。可通过液晶 LCD 显示和即时打印最近 15min 内每分钟的平均车速记录、超时驾驶(疲劳驾驶)记录、超速记录及车辆相关信息。

8)数据通信功能。可通过标准 USB 或串口采集记录仪数据、设置记录仪参数;车辆信息、驾驶人档案的管理功能。

9)管理软件提供良好的人机界面,实现车辆信息、驾驶人档案录入、修改、查询统计及报表打印功能;增加经济效益,科学合理的进行员工调度、车辆维护。

10)存储视频图象(选配摄像头、SD 卡)。

(2)**汽车行车记录仪的加装步骤**  汽车行车记录仪的加装步骤详见表 4-11。

表 4-11 汽车行车记录仪加装步骤及图示

| 序号 | 操作步骤 | 图示 |
|---|---|---|
| 1 | 准备相关设备及工具:现在的行车记录仪标配有行车记录仪、数据线、点烟器、防静电贴等,内存一般需要另行购买 | 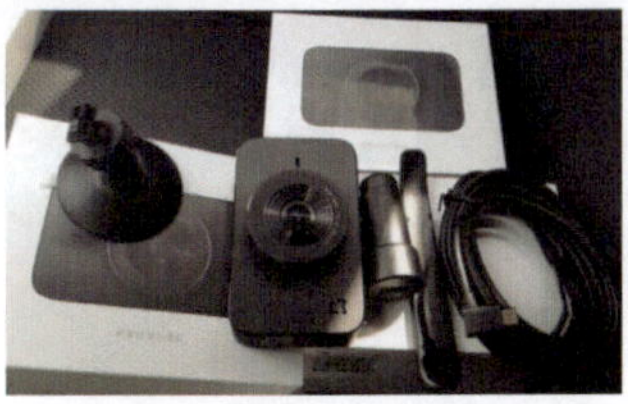 |
| 2 | 将防静电贴贴在后视镜位置处,一般情况下不遮挡视线 |  |
| 3 | 数据线走线,可以从风窗玻璃上沿到 A 柱再到边宽最后通过杂物箱缝隙连接到中控台上的点烟器 |  |
| 4 | 调好摄像头位置 |  |

## 七、车载对讲系统的加装

车载对讲系统（图4-21）是安装于车内用于通信的工具。车载对讲系统带选呼功能，只要拨对方的ID号，就可以两个人单独说话。车载对讲机发射功率在25W以上，通话没有辐射，不会对人体产生伤害。车载对讲系统的主要部件包括：外壳、主机、电池、皮带夹、天线、耳机等附属产品。车载对讲系统一般用于公安对讲机主要应用在公安、民航、运输、水利、铁路、制造、建筑、服务等行业，用于团体成员间的联络和指挥调度，以提高沟通效率和提高处理突发事件的快速反应能力。

图4-21 车载对讲系统

车载对讲系统加装步骤详见表4-12。

表4-12 车载对讲系统加装步骤及图示

| 序号 | 操作步骤 | 图示 |
| --- | --- | --- |
| 1 | 准备车载对讲系统全部配件 | |
| 2 | 将车载对讲系统供电接在蓄电池正极的大熔丝上 | |
| 3 | 走线 | |
| 4 | 选择合适的位置安装主机 | |

（续）

| 序　号 | 操作步骤 | 图　示 |
|---|---|---|
| 5 | 安装天线 |  |
| 6 | 将天线安装在主机上 |  |
| 7 | 安装控制面板，驾驶室内走线接到控制面板上 |  |
| 8 | 安装对讲机 |  |

**任务实施**

| | 图片及介绍 |
|---|---|
| 原车 |  |

(续)

| | 图片及介绍 |
|---|---|
| 改装后 |  <br> |
| 任务分析 | 比亚迪 E6 改装后搭载了先进的警务设备，如警车扩音设备呼叫器、警务内部无线对讲系统、车顶监视器控制系统、摄像头监视系统等。改装后，车辆的安全性得到了大幅的提升 |

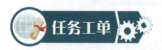

| 任务名称 | 安装汽车倒车雷达 | 学时 | | 班级 | |
|---|---|---|---|---|---|
| 学生姓名 | | 学生学号 | | 任务成绩 | |
| 实训设备 | 常用拆卸工具 | 实训场地 | | 日期 | |
| 任务描述 | 安装倒车雷达并进行线路连接 | | | | |
| 任务目的 | 通过教师演示，分组操作，使学生掌握安装倒车雷达的基本方法和技巧 | | | | |

一、资讯

1. 倒车雷达了解：
1）两个探头（货车）。只接倒车灯的信号线。
2）四个探头（小车用多）。只接倒车灯的信号线。
3）六个探头（前后行车雷达）。两条线需接（倒车信号和制动灯信号）
4）八个探头（前后行车雷达）。两条线需接（倒车信号和制动灯信号）

二、组成（以四探头为准）

1. 主机（ABCD 四个孔并且与探头 ABCD 对应，安装位一般都是在左右尾箱翼子板内侧）。
2. 显示器（安装一般在左前风窗玻璃下方，但是注意，先从前面往后面排线）。
3. 探头（安装：注意"UP"或↑字样朝上并且双字母指按边缘进行加装）。

三、简答题

汽车倒车雷达有哪几种形式，各有什么特点。

（续）

四、操作过程

| 序号 | 操作步骤 | 完成情况 |
|---|---|---|
| 1 | 量准尺寸，确定四个探头的位置 | |
| 2 | 钻孔。钻孔时注意孔距离、高度，防止钻错孔。倒车雷达里面有提供打眼的钻头 | |
| 3 | 开始布线 | |
| 4 | 把行李箱右侧的小盒盖抠开，里面可以找到倒车灯的电路插头，倒车雷达的供电就是并连在这个倒车灯的线上 | |
| 5 | 安装主机 | |
| 6 | 安装显示器并连接线路 | |

五、检查

任务完成后，进行如下检查：

1. 检查仪器、工具、设备是否复位：_____。
2. 检查场地是否清洁：_____。
3. 检查任务工单是否填写完整：_____。

六、评估

1. 请根据自己任务完成的情况，对自己的工作进行自我评估，并提出改进意见。

1) _____

2) _____

2. 工单成绩（总分为自我评价、组长评价和教师评价得分值的平均值）

| 自 我 评 价 | 组 长 评 价 | 教 师 评 价 | 总　　分 |
|---|---|---|---|
| | | | |

## 项目五　汽车外观及内饰改装

通过完成本任务，应达成以下目标及要求：
1. 了解汽车外观及内饰改装的目的及意义。
2. 掌握汽车外观改装的基本知识。
3. 掌握汽车内饰改装的基本知识。
4. 掌握常见项目的施工流程。
5. 掌握汽车改装工具的操作方法。

### 任务一　汽车外饰的改装

李先生刚刚购买了一辆二手的一汽大众 Golf，他认为自己的汽车外观不够炫酷，想将汽车的外观装饰一番，但是不知道具体可以改装哪些部位，请你根据自己掌握的改装知识帮助一下李先生。

#### 一、大包围的加装

大包围又称车身空气扰流组件，汽车大包围通常由前包围、后包围和侧包围组成。前后包围有全包围式（图 5-1）和半包围式（图 5-2）两种形式：全包围是将原有保险杠拆除，然后装上大包围，或将大包围套在原保险杠表面；半包围是在原保险杠的下部附加一装饰件，这样可以不拆除保险杠。侧包围（图 5-3）又称侧杠包围或侧杠裙边。汽车在发生撞击时，保险杠可以起到缓冲和吸震的作用，而且它是在汽车设计时经过精密计算得出的，可以最大限度地保护乘员，所以出于安全考虑，与全包围相比，半包围更具有优势，但美中不足的是半包围达不到全包围的那种整体美感。

图 5-1　全包围

（1）**大包围的材料**　国内主要流行的汽车大包围的材料主要有玻璃纤维材料、ABS 塑料、合成树脂材料、聚酯塑料、合成橡胶等。

图 5-2 半包围

图 5-3 侧包围

1）玻璃纤维大包围。此类产品价格较便宜，但韧性极差。成件安装、打孔麻烦，它的耐蚀性好，对大气、水和一般浓度的酸、碱、盐及多种油类和溶剂都有较好的抵抗能力，热性能良好，热导率低，是优良的绝热材料。在瞬时超高温时，是理想的热防护和耐烧蚀材料。由于这种材料制作的时候收缩性较大，所以制造出的包围表面会很容易起波浪，经过一段时间的日晒后甚至可能出现裂缝。

2）ABS塑料大包围。此类的产品因为是以真空吸塑成形，厚度较薄，所以此类材料不能作保险杠款的包围，只能制作唇款的大包围。

3）合成树脂材料大包围。此类材料收缩性较小，韧性较好，耐热不变形，所以制作出的产品表面光滑，同时抗扭力较强，密合度较高，但价格相对也较高。

4）聚酯塑料大包围。此类产品是高压注射成形，有很高的柔韧性与强度。因为大多数汽车的原装保险杠也是采用聚酯塑料制造，所以相同的材料与车身的密合度也是最佳的，寿命也较长。但此类产品造价极高，一般消费者难以承受。

5）合成橡胶大包围。它是目前高档汽车所采用的汽车外饰材料，由于它具有抗冲击，不易变形，不易断裂，耐候性好（-40~80℃）且环保无公害等诸多优点，它已经成为国际汽车装饰业界公认的最合适做汽车装饰板的材料。合成橡胶大包围采用液体原料灌注而成，外形平、光滑，表面喷涂亮漆后，外观效果非常好。

(2) 大包围的选用  选择一款合适的汽车大包围主要有以下几点：

1）整体性原则。要将车辆的前后左右各包围件当作一个整体来设计，拿半包围和全包围进行比较。进行全包围可能会去除原有保险杠，但其设计时可以把大包围按照一个整体进行设计并安装；半包围虽然安全上照顾到了，但它可能更多的是使装饰件更好地配合原车的轮廓，因而整体性可能略差。

2）协调性原则。各包围件的造型与颜色要与车身相协调，车身包围件应该与车身紧密配合并且颜色尽量与车体颜色不要有太大色差。试验研究结果表明，在天气晴好的条件下，浅色系的汽车安全性能高于深色系汽车，黑色汽车的事故率竟是白色汽车的3倍。在进行车辆装饰的时候，要注意进行合理搭配，夏天最好采用冷色，冬天最好采用暖色。利用色彩的特性进行合理的搭配可以使车辆漂亮的同时，还能增加行驶时的安全性。

3）安全性原则。汽车安装包围后决不能影响整车的性能和行车安全，设计要考虑路面状况，所有饰件离地应保持一定距离。例如，加装大包围不当，虽然达到了美观的目的，但不符合空气动力学原理，不仅可能使原车的动力性能下降增加油耗，还可能减弱行车的稳定性，造成不应有的事故。另外，离地一定距离可以使汽车更好地驶过不平的路面。

4）标准性原则。大包围组件要符合国家有关规定，我国法律虽然没有对汽车的相关改装作详细规定，只是规定不得私自改装车辆，但肆意地按照自己意愿安装汽车大包围而改变了车辆登记时的原貌是不符合国家规定的，所以车主在加装大包围前还是应该先咨询相关事项，以免带来不必要麻烦和损失。

(3) 大包围的安装　大包围的安装步骤见表5-1。

表 5-1　大包围的安装步骤及图示

| 序号 | 操作步骤 | 图示 |
|---|---|---|
| 1 | 在进行包围安装作业前，最好先去洗车。在需要安装包围的车身位置，用清洗剂洗净，再用干净无纤维脱落的布或纸巾擦拭干净 |  |
| 2 | 将原来的包围拆下来，清洗擦拭干净后在安装位贴上皱纹纸 | 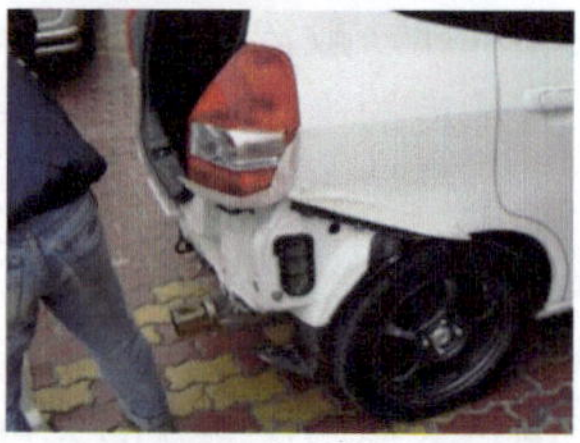 |
| 3 | 检查新包围的外观、质量，并将新款包围装在车上进行对位 |  |
| 4 | 根据新包围的定位，用砂轮片将需要修正的地方进行调整 |  |
| 5 | 根据原车上的螺钉孔的位置，在新包围的对应位置进行打孔，在原装车的螺钉孔上紧螺钉，分别安装前包围、后包围和侧包围 | 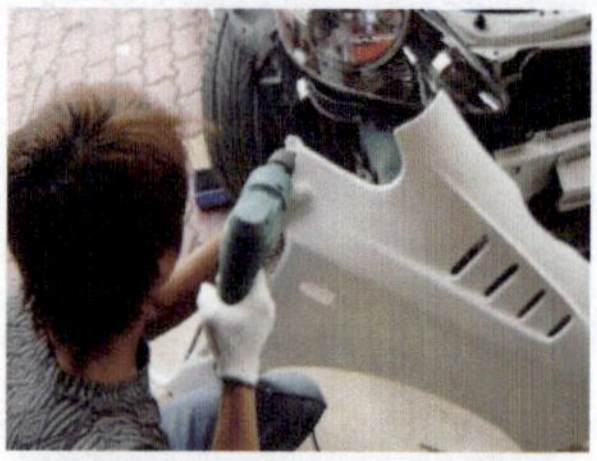 |
| 6 | 安装完成，进行验收 |  |

## 二、尾翼的改装

越来越多的轿车在其尾部行李箱盖外端装有一块像是倒装的尾翼（图5-4），许多人都以为这新颖美丽的汽车尾翼是厂家为了美观才给轿车安装的装饰件，其实它的主要作用是可以有效地减少轿车在高速行驶时的空气阻力从而节省燃料。

图5-4　法拉利F1赛车的尾翼及布加迪威龙的主动式尾翼

**(1) 尾翼工作原理**　根据气体动力学原理分析，汽车在行驶过程中会遇到空气阻力，这种阻力可分为纵向、侧向和垂直上三个方向的作用力，并且空气阻力与车速的平方成正比，所以车速越快，空气阻力就越大（图5-5）。

图5-5　车辆高速时气流示意图

一般情况，当车速超过60km/h，空气阻力对汽车的影响就非常明显了。为了有效地减少并克服汽车高速行驶时空气阻力的影响，人们设计了汽车尾翼，其作用就是使空气对汽车产生第四种作用力，即对地面的附着力，它能抵消一部分升力，控制汽车上浮，减小风阻影响，使汽车能紧贴着道路行驶，从而提高行驶的稳定性。目前，大多数汽车尾翼都是用玻璃纤维或碳纤维制成的，既轻巧又坚韧，并且它的形状尺寸是经过设计师精确计算而确定的，不宜过大也不宜过小，不然反而会增加轿车的行车阻力或起不到应有的作用。除了减少高速行驶中的阻力，加装尾翼对于节省燃油也有一定帮助。以排气量为1.6L的轿车为例，如果装上尾翼，空气阻力系数降低20%，在一般道路上行驶，耗油量减少或许不明显。如果在高速公路上行驶，则能省油大约10%。

**(2) 尾翼的材料**　目前主要流行的汽车尾翼材质主要有玻璃钢、铝合金、碳纤维等。

玻璃钢尾翼。这类尾翼造型多样，有鸭舌状的、机翼状的，也有直板式的，比较好做造型，不过玻璃钢材质比较脆，韧性和刚性都较差，价格也比较便宜。

铝合金尾翼。这类尾翼导流和散热效果不错，而且价格适中，不过重量要比其他材质的尾翼稍重些。

碳纤维尾翼。碳纤维尾翼刚性和耐久性都非常好，不仅重量轻而且也是最美观的一种尾翼。现在广泛被F1等赛车采用，不过价格比较昂贵（图5-6）。

图5-6　奥迪R8碳纤维尾翼

(3) 尾翼的安装　尾翼的安装方法有很多，比较常见的是打孔安装和胶粘。下面以打孔式为例介绍尾翼的安装步骤，详见表 5-2。

表 5-2　尾翼的安装步骤及图示

| 序　号 | 操 作 步 骤 | 图　示 |
| --- | --- | --- |
| 1 | 在进行尾翼安装作业前，先洗车。在需要安装尾翼的车身位置，用清洗剂洗净，再用干净无纤维脱落的布或纸巾擦拭干净 |  |
| 2 | 先将尾翼放到车后边固定好位置，然后在尾翼上的孔里用笔做好标记，以方便打孔 |  |
| 3 | 在标记的点上，最好用钉子按个凹点，以方便之后打孔 | 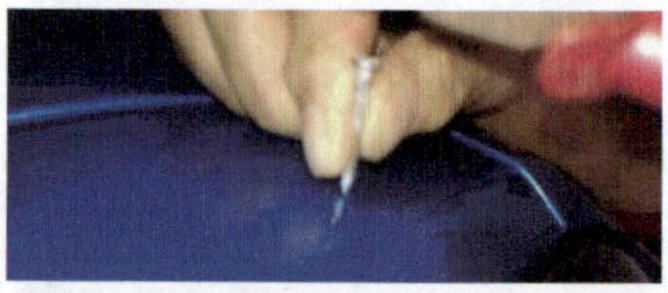 |
| 4 | 钻孔要大小合适 |  |
| 5 | 对孔要进行防水处理，可以用补漆笔涂抹一些，尾翼上孔里面也涂抹一些，在拧螺钉的时候也可以起到保护作用 | 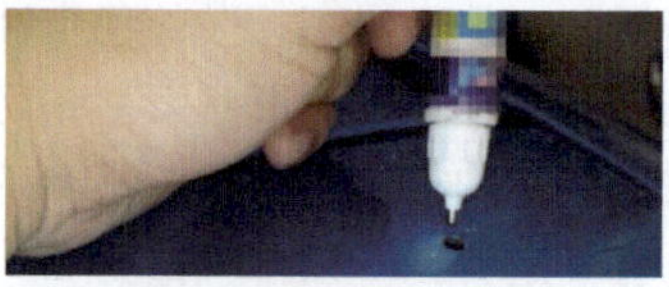 |
| 6 | 安装螺钉固定 |  |

## 三、车门的改装

车门是为驾驶人和乘客提供出入车辆的通道，并隔绝车外干扰，在一定程度上减轻侧面撞击，保护乘员。汽车的美观也与车门的造型有关。车门的好坏，主要体现在，车门的防撞性能、车门的密封性能、车门的开合便利性，当然还有其他使用功能的指标等。防撞性能尤为重要，因为车辆发生侧碰时，缓冲距离很短，很容易伤到车内人员。

车身外观的改装一直占有相当重要的地位，改变车身外观最迅速、最简便的方式就是改装车门（图5-7、图5-8）。

图5-7 改装后的车门

图5-8 改装后的背门

(1) 车门改装的种类

1) 逆开式车门。逆开式车门与常见汽车的开启方式不同，车门向后开启（图5-9）。向后开启式车门是汽车工业早期最流行的一种开门方式，虽然这种设计使得前排乘客上下车更为方便，但是也存在种种安全隐患，因此这种设计逐步被淘汰。目前在售车型里采用向后开启式车门的车型不多，最有代表性的当属劳斯莱斯双门GT跑车——劳斯莱斯魅影。

2) 隐藏式伸缩门。采用这种车门的最具代表性的车型当属宝马Z系列的鼻祖——宝马Z1（图5-10）。不同于凯撒Darrin采用的前滑动设计，宝马的设计师将Z1门槛抬高，因此车门可以向下滑动，隐藏于门槛内。这种单扇全尺寸车门开启后会完全隐藏在车辆底盘下方，对于乘员上下车没有任何影响。

图5-9 逆开式车门

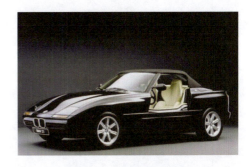

图5-10 隐藏式伸缩门

3) 剪刀门。所谓剪刀式车门，即它的铰链在前挡泥板，因车门的开启形状好似剪刀而得名。从功能上来讲，剪刀式的车门朝上并朝前开启，进出更加方便，需要的外在空间也较小。当然了，剪刀门最大的优势应该就是装完后带来的回头率，但总体来看，其装饰作用要远超过实际功能。图5-11所示为改装成剪刀门后的高尔夫。

4) 鸥翼式车门。鸥翼式车门外观个性动感，给人以振翅欲飞的感觉，鸥翼式车门更便于乘客进出和行李的放置。奔驰300SL采用的就是鸥翼式车门，如图5-12所示。

如今很多车主为了使自己的汽车拥有炫酷的外表，在原车的基础上改装鸥翼式车门，其实并没有什么优势，反而缺点很多。首先是铰链的强度低、可靠性差，极易损坏，因为向上开启车门的铰链无法承受过大的车门重量，所以只有使用碳纤维等轻质材质制作车门的超级跑车才使用这种结构。其次这种车门结构安全性差，有严重安全隐患，一但翻车，则车门无法开启，另外鸥翼门的结构对车顶强度损害较大。

图 5-11　改装后的高尔夫

图 5-12　奔驰 300SL

(2) 车门改装步骤　汽车车门可以改装成各种车主想要的开启形式，下面以剪刀式车门为例介绍车门的改装步骤，详见表 5-3。

表 5-3　车门的改装步骤及图示

| 序号 | 操作步骤 | 图示 |
| --- | --- | --- |
| 1 | 拆下汽车两边的翼子板、车内的饰板以及妨碍安装剪刀式车门的各个部件 | |
| 2 | 把车门上的上下铰链都拆下，当然拆下后要保证后车门能够关到位 | |
| 3 | 需要把剪刀式车门铰链平放到车架大梁侧面，找到剪刀式车门套件的安装平面。找到最佳位置后做定位标记，同时找准限位销的开孔位置 | |

项目五　汽车外观及内饰改装

（续）

| 序号 | 操作步骤 | 图示 |
| --- | --- | --- |
| 4 | 做开始阶段的固定，先把剪刀式车门铰接弯臂的额外一端加焊一块钢板，依照车门内侧（原车门铰接面上）的螺钉位打孔并装上车门，而后再把剪刀式车门铰链支撑座固定在车梁或增强钢板上 | 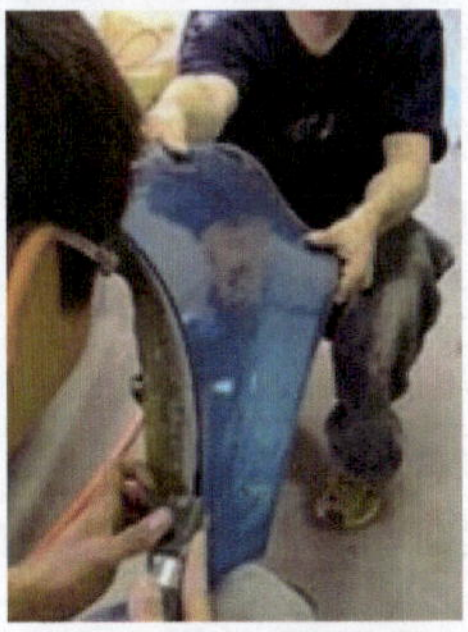 |
| 5 | 把车门向外打开，找最佳开启角度（铰链摇臂不能碰擦到翼子板，因此部分车型的翼子板内边需要进行切除，以便让出摇臂的摆动空间）并调整两颗限位螺杆，同时固定内外限位销，让车门必须往外开到一定角度时才能向上开启，必须保证门内饰板和后视镜不摩擦A柱或其余部位 | 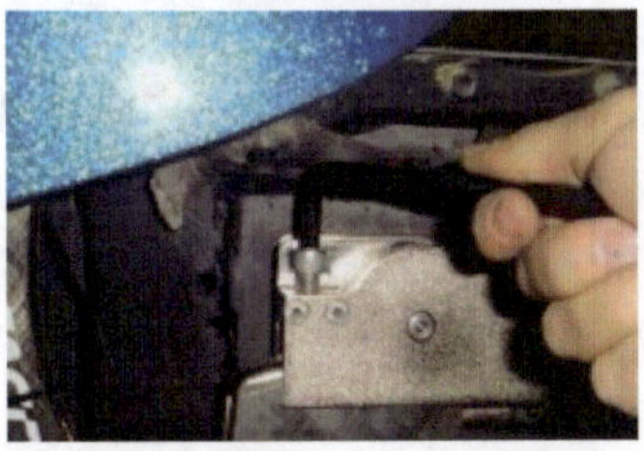 |
| 6 | 安装液压撑杆。先打开车门，找准两支撑杆安装的位置和间隙，安装时液压杆必须是自由状态，拉杆不能靠得太近，否则关门会很费力 | 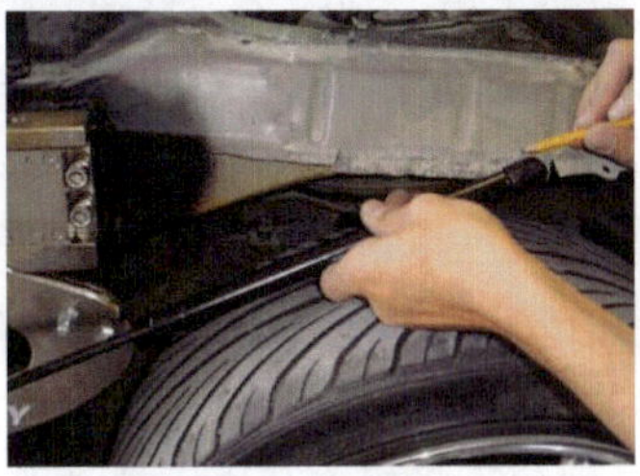 |
| 7 | 把底座焊接到大梁上，之后钻孔攻螺纹，把撑杆一端固定在底座上，一端连接到摇臂上，其撑杆位置必须是开关车门时不与任何部位擦碰 |  |
| 8 | 装回翼子板及车门内饰板附件等 |  |

### (3) 车门改装注意事项

1) 保证乘客上下车方便性，最大开度控制在65°~70°。
2) 开启过程中不应与其他部位发生位置干涉。
3) 车门关闭时要锁止可靠，不会在行车中自行打开。
4) 车门机构操纵方便，包括关门自如，玻璃升降轻便等。
5) 要有良好的密封性能。
6) 具有大的透光面，满足侧向视野要求。
7) 要有足够的强度与刚度，保证车门工作可靠、减小车门部分振动，提高车辆侧向碰撞安全性，防止车门下沉。
8) 具有良好的车门制造、装配工艺性。

## 四、车身喷漆改色及贴膜改色

### 1. 车身喷漆

越来越多的车主，对自己车辆外观颜色会产生视觉上的"疲劳"，于是就想变换一下车身的颜色。为了改变车身颜色，全车喷漆（图5-13）是很多车主的选择。汽车喷漆是指给汽车表面上一层漆达到保护汽车的效果。汽车喷漆一般用烘烤漆。在汽车制造厂，车架、车壳焊接完成，下一道工序就是喷漆，种类有普通漆、金属漆、珠光漆。汽车喷漆工序：刮腻子、打磨、喷漆等。

图5-13 全车喷漆

### (1) 改色注意事项
在改变颜色时需要注意以下几点：

1) 车身改色申请较为简单，花费少（工本费），时间短，一般情况下当天可以完成。车身改色可能会因地域的不同而有一定差异（标准），建议在改色和备案前咨询本地区车管部门。
2) 办理前需将相关交通违规（改变颜色前）处理完毕，如变更车身色之前有违章罚款，是不允许延续到改变颜色后的"新车"上，车主要先缴清罚款或接受学习之后才可以办理变更相关手续。
3) 若个人车辆的本来颜色为黑、白类等较为简单的常规颜色，可以先将车辆改色完成，直接去车管所办理变更。

### (2) 车身喷漆改色步骤
通常改色都会选择全车内外喷漆，具体步骤详见表5-4。

表5-4 全车喷漆步骤及图示

| 序号 | 操作步骤 | 图示 |
|---|---|---|
| 1 | 拆卸外观件，因为要全车喷漆不能有明显裸露的原色漆。拆卸内饰件、车门、行李箱等 | |

（续）

| 序 号 | 操作步骤 | 图 示 |
|---|---|---|
| 2 | 将塑料件、玻璃件、碳纤维件等做特殊的处理，贴上美纹贴或塑料布，以防止喷漆时被污染 |  |
| 3 | 使用砂纸、打磨机等打磨原漆 | 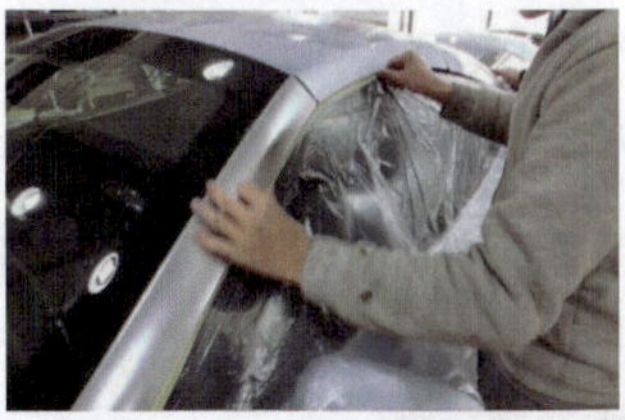 |
| 4 | 涂抹原子灰 |  |
| 5 | 进行调漆 |  |
| 6 | 进行喷漆 |  |
| 7 | 抛光打蜡处理 |  |

## 2. 车身贴膜改色

车身贴膜是通过高分子聚合材料贴附于车漆表面，达到保护原漆、装饰车身的目的，并可随时轻易揭除，与传统封釉、镀膜、喷漆等漆面化学改变形成鲜明对比。汽车车身贴膜是高性能低黏度聚氯乙烯薄膜，具有充分贴合车身漆面及内饰各种基材表面的属性，具备更加便于施工，柔韧性、耐久性、抗化学腐蚀性、不透光性更强等诸多优点。可有效保证施工过程中面对曲折车身表面时进行准确、无缝隙、无气泡贴覆，不会对车漆造成损害，相反还会充分保护车辆的原漆。车身贴膜分为两种，一种为全车贴膜，也称改色膜（图5-14），一种是局部贴膜（图5-15、图5-16），主要起到装饰作用。

图 5-14　全车贴膜

图 5-15　车门贴膜

图 5-16　后部贴膜

（1）**车身改色膜贴膜步骤**　汽车贴膜，是一项对施工工艺要求较高的工作，除了具备专业知识、专业工具，还需要有良好的施工环境。不同品牌，可能会有不同的要求，基本步骤详见表5-5。

表 5-5　全车贴膜步骤及图示

| 序号 | 操作步骤 | 图示 |
| --- | --- | --- |
| 1 | 洗车：对车辆进行全方位清洗，彻底清除车身上附着的污物 | |
| 2 | 裁膜：根据车身不同地方的尺寸裁剪保护膜 | |

(续)

| 序　号 | 操作步骤 | 图　　示 |
|---|---|---|
| 3 | 局部进行铺膜，例如发动机盖的施工，首先把发动机盖上的车标拆下，再铺上贴膜，贴膜要覆盖整个发动机盖，边缘部分要留少许余量 |  |
| 4 | 用硬质卡片刮膜，赶出气泡，直到贴膜与车体之间没有气泡为止，使贴膜与车漆更加贴合 | 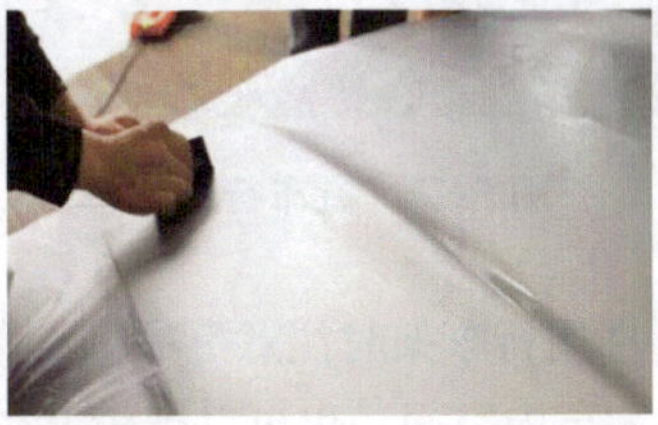 |
| 5 | 烤膜：因为车身上有很多设计令车体并不完全是一个平面，用热风枪对此处的贴膜进行加热，使具有热塑性的贴膜延展开，做到与车身完美贴合 |  |
| 6 | 割膜：用美工刀将多余的贴膜割除，整个贴膜工序便完成了 | 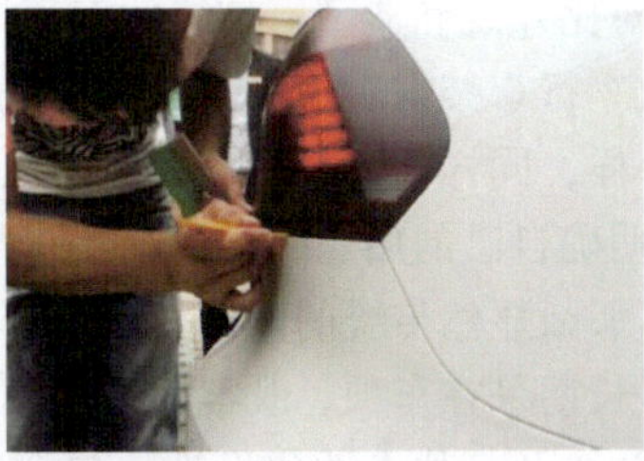 |

(2) 车身改色膜的优点

1）在不伤原车漆的前提下，随心所欲地改变车身颜色与涂装或拉花。

2）与全车喷漆相比，改色贴膜施工简易，对车辆完整性的保护更好；颜色搭配自主性更强，且不会存在相同颜色不同部位产生色差的烦恼。

3）如果想恢复原车漆，只需将贴膜揭掉即可。

### 五、行李架的加装

汽车行李架（图 5-17）兼具美观与实用功能，既可让车的造型更酷，也可在出游时派上大用场。它能承载行李箱放不下的东西，比如体积大的行李、自行车、折叠床等。只要车主将货物固定到位，特别是在货物上加装上行李绳网的话，可以携带更多的东西。汽车行李架的叫法有很多，包括：车顶架、车顶横杆、车顶行李架、汽车顶架、车顶支架等。除了行李架以外，还有一种位于车顶的装置用来扩展收纳空间，通常被人们称为车顶箱（图5-18）。

图 5-17　汽车行李架

图 5-18　汽车车顶箱

（1）选用行李架时注意事项　汽车行李架最常用于自驾旅游，配合车顶箱、车顶框搭载旅游行李，增大车内空间，也可以携带其他运动器材，比如滑雪板、自行车、帆船等；市场上车顶架品牌不少于50个。在选用时通常需要注意以下几点：

1）首要考虑的是产品的安全性：凡注重产品安全性的品牌都会对出售的产品进行严格检测及取得相关认证，比较权威的产品安全检测认证标准主要是德国TUV认证，通过该认证的产品，可以让世界范围内的消费者放心购买与使用，但通过该认证的品牌主要以国外品牌为主。

2）注意汽车行李架能承受的最大载重量：承载量最终取决于车顶的设计承载能力，建议尽量不要超载。

3）注意汽车行李架的兼容性：这主要取决于车顶装备的固定方式。

4）注意风阻风噪：越来越多车友关注行驶过程中的风阻风噪问题，风阻会增加油耗，同时也会带来风噪。

5）对比外观和造型：传统的车顶架都是两侧贯穿型的设计，横杆会从车顶向两侧伸出，这种款式的汽车行李架需考虑和车身整体的协调性；有的品牌有原厂款式的汽车行李架，就像是专车定制的一样，同样可以搭载，既美观又实用。

6）明确自己的用途：如果买汽车行李架的用途就是纯粹为了工作搭载，并且希望搭载空间越多越好，那么显然传统的两侧贯穿型车顶架更适合。如果加装车顶架是为了偶尔搭载并且希望车顶架可以长期呆在车顶，既牢固又美观，可以选择新型的汽车行李架。

7）防盗及其他人性化设计：包括锁芯及钥匙的设计、组装和安装是否方便、是否无损化安装、防盗性能如何。

8）选择时了解重点参数：品牌、性价比、材质、固定方式、使用时噪声大小、美观程度、承载重量、安全锁、适应车型、架脚高度是否对天窗有影响、是实际载物还是为了装饰美观等。

（2）行李架的安装步骤　行李架的安装有多种形式，现在常用的是螺钉固定或者使用强力胶进行安装。如果车顶架的用途就是为了装行李等物品，并且希望搭载东西越多越好，那么用螺钉固定的或原厂配有的车顶架比较适合。如果加装行李架是为了车辆美观、协调，可以选择粘胶的，既牢固又美观。现以胶粘为例，介绍行李架的安装步骤详见表5-6。

项目五　汽车外观及内饰改装

表 5-6　行李架安装步骤及图示

| 序号 | 操作步骤 | 图示 |
|---|---|---|
| 1 | 根据自己用途选择合适的行李架 | 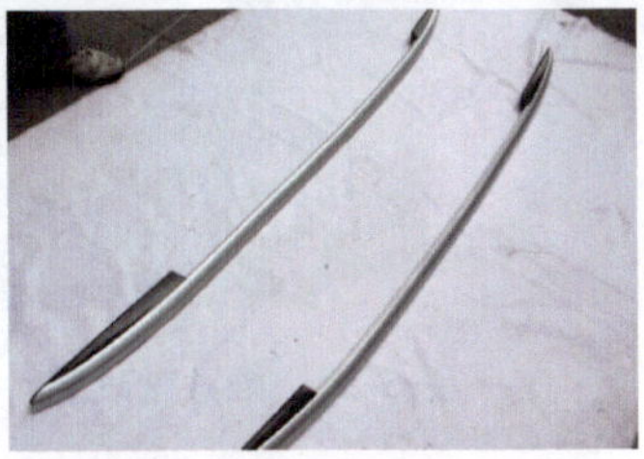 |
| 2 | 如果车顶没有预留螺钉，只能安装粘胶的行李架。在安装粘胶的车顶行李架之前，要把车顶需要粘贴的周围都擦干净，先用湿布擦掉灰尘，再用干布擦干净。建议安装之前洗车 |  |
| 3 | 粘贴行李架之前，要找好合适的粘贴位置，前后左右都要对称 |  |
| 4 | 清洁完车顶后，要把行李架的粘胶慢慢揭开，然后迅速地粘到车顶，并使劲按压 10min 以上，让粘胶发挥粘力。注意粘贴行李架尽量在环境温度较高或者太阳比较好的时候进行，效果会更好的 | 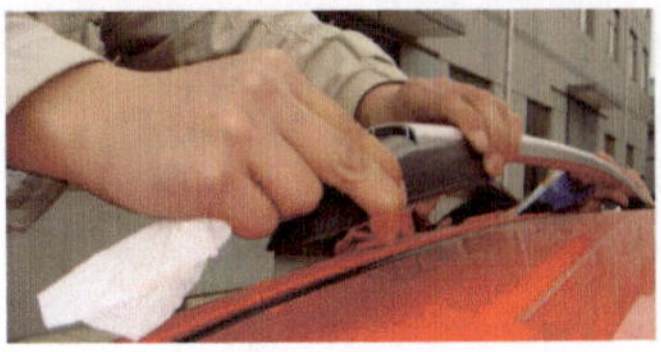 |
| 5 | 安装完成，进行检验 |  |

## 六、汽车玻璃的改装

　　汽车玻璃是整个车身的重要组成部分，是为了满足车内采光、通风及驾乘人员视野的需要而设计的。汽车玻璃按安装位置不同有：前、后风窗，侧窗和门窗。车窗的造型结构及质量对驾驶人的视野、乘客的舒适感、外形的美观以及空气动力特性等方面有较大的影响。现在很多汽车玻璃，特别是后排车窗采用封闭式车窗，主要是因为封闭的车窗气密性更好，有空调的情况下不考虑通风，封闭的车窗更节约成本，在行驶中也更安全。但是这种封闭式车窗也存在弊端，那就是无法进行通风，因此很多车主将自己的爱车进行改装，将封闭式车窗改成推拉窗（图 5-19）或者是外掀式车窗（图 5-20）。

图 5-19 推拉窗改装

图 5-20 侧窗改装

汽车玻璃改装步骤以推拉车窗为例，介绍汽车玻璃改装步骤，详见表 5-7。

表 5-7 推拉窗改装步骤及图示

| 序号 | 操作步骤 | 图示 |
| --- | --- | --- |
| 1 | 选购与原车匹配的推拉式车窗 | |
| 2 | 拆卸原车窗及密封条 | |
| 3 | 安装密封条 | |
| 4 | 喷涂密封胶 | |

（续）

| 序　号 | 操作步骤 | 图　示 |
|---|---|---|
| 5 | 安装推拉车窗 | |
| 6 | 使用胶带将推拉窗固定住 | |
| 7 | 做防水处理，等待密封胶干燥 | |
| 8 | 完成安装，进行验收 | |

| | 图片及介绍 |
|---|---|
| 原车 |  |

（续）

| | 图片及介绍 |
|---|---|
| 改装后 |  <br>  |
| 任务分析 | 本田飞度外观成锥状风格，外形尖锐，时尚前卫，在外观设计方面一直处在业界的前沿。进行了如上图所示改装。棕黑色改装使飞度个性十足，异常抢眼，外形上朝着运动化的硬朗风格逼近 |

| 任务名称 | 加装汽车大包围 | 学时 | | 班级 | |
|---|---|---|---|---|---|
| 学生姓名 | | 学生学号 | | 任务成绩 | |
| 实训设备 | 常用拆卸工具 | 实训场地 | | 日期 | |
| 任务描述 | 加装汽车包围 | | | | |
| 任务目的 | 通过教师演示，分组操作，使学生掌握加装汽车大包围的基本方法和技巧 | | | | |

一、资讯

大包围又称汽车车身外部扰流器，主要作用是：减低汽车行驶时所产生的逆向气流，同时增加汽车的下压力，使汽车行驶时更加平稳，从而减少耗油量。在选用时应选用高质量的产品。大包围安装在车上，也就与车成为一个整体，日常的磕碰就在所难免，如果包围材质脆弱，刚性过大，就很容易碎裂，那样不仅增加更换成本，也平添了不少麻烦。最好不要选用需要拆掉原车保险杠才能安装的大包围，因为大包围所用的材料抗撞击能力较差，所以，选用将原保险杠包裹其中的大包围不会影响车辆的牢固性，但如果一定要选拆保险杠包围，可将原保险杠中的缓冲区移植到玻璃钢包围中，以起到保护作用。加装大包围应该到有经验的改装店进行改装，因为这些改装店有制作各种包围的能力，大都会免费为车主修复不慎碰坏的包围，车主不必为包围的一点小损伤就得花钱去换一个新的。

二、简答题

汽车大包围有哪几种形式，各有什么特点。

## 项目五　汽车外观及内饰改装

（续）

三、操作过程

| 序号 | 操作项目 | 操作步骤 | 完成情况 |
| --- | --- | --- | --- |
| 1 | 清洁 | 在需要安装包围的车身位置，用清洗剂洗净 | |
| 2 | 拆卸 | 将原车包围拆卸下来，并做清洁处理 | |
| 3 | 对位 | 将新款包围装在车上进行对位 | |
| 4 | 修整 | 用砂轮片将需要修正的地方进行调整 | |
| 5 | 打孔 | 根据原车上的螺钉孔位置，在新包围的对应位置进行打孔 | |
| 6 | 安装 | 在原装车的螺钉孔上拧紧螺钉 | |

四、检查

任务完成后，进行如下检查：

1. 检查仪器、工具、设备是否复位：_____。
2. 检查场地是否清洁：_____。
3. 检查任务工单是否填写完整：_____。

五、评估

1. 请根据自己任务完成的情况，对自己的工作进行自我评估，并提出改进意见。

1) _____

2) _____

2. 工单成绩（总分为自我评价、组长评价和教师评价得分值的平均值）

| 自 我 评 价 | 组 长 评 价 | 教 师 评 价 | 总　　分 |
| --- | --- | --- | --- |
| | | | |

### 任务工单

| 任务名称 | 汽车改色贴膜 | 学时 | | 班级 | |
| --- | --- | --- | --- | --- | --- |
| 学生姓名 | | 学生学号 | | 任务成绩 | |
| 实训设备 | 整车、清洗剂、抹布、车膜、裁纸刀、烤枪、刮板、喷壶等 | 实训场地 | | 日期 | |
| 任务描述 | 对汽车进行局部贴膜 | | | | |
| 任务目的 | 通过教师演示，分组操作，使学生掌握汽车贴膜的基本方法和技巧 | | | | |

一、资讯

车身改色膜是用色系丰富、颜色多样的薄膜，以整体覆盖粘贴的方式改变全车或局部外观的服务。车身改色膜主要通过高分子聚合材料贴附于车身表面，易揭除。车身改色膜产品包括透明膜、汽车电镀膜、珠光膜、亮光膜、亚光膜、彩绘膜、皮纹膜、拉丝膜、电镀膜、电光金属膜（简称亚光冰膜）。

二、简答题

汽车喷漆改色和贴膜改色的特点。

(续)

三、操作过程

| 序号 | 操作项目 | 操作步骤 | 完成情况 |
|---|---|---|---|
| 1 | 清洁 | 用水壶对需要贴膜表面进行喷水清洁 | |
| | | 洗手 | |
| | | 用清洁剂清洁 | |
| 2 | 测量 | 使用尺子对所需贴膜区域进行测量 | |
| 3 | 下料 | 在贴膜背面使用直尺和笔进行下料的划线 | |
| | | 使用裁纸刀进行下料 | |
| 4 | 贴膜 | 找到贴膜的出发点 | |
| | | 撕开贴膜出发点的一角,开始贴膜 | |
| | | 沿着贴膜路线进行推擀 | |
| 5 | 烤膜 | 如遇大面积弧线,无法擀平,则烤膜 | |
| 6 | 刮平 | 使用刮板、抹布对贴膜进行刮平 | |
| 7 | 收边 | 使用烤枪刮板、抹布进行收边 | |

四、检查

任务完成后,进行如下检查:
1. 检查仪器、工具、设备是否复位:_____。
2. 检查场地是否清洁:_____。
3. 检查任务工单是否填写完整:_____。

五、评估

1. 请根据自己任务完成的情况,对自己的工作进行自我评估,并提出改进意见。
1) _____
2) _____

2. 工单成绩(总分为自我评价、组长评价和教师评价得分值的平均值)

| 自 我 评 价 | 组 长 评 价 | 教 师 评 价 | 总　　分 |
|---|---|---|---|
| | | | |

任务二　汽车内饰的改装

### 任务导入

王女士买了一辆宝来车,开了几年后,一些内饰已呈现旧态,她想将自己的爱车内饰装扮一番,但是不知道具体可以改装哪些部位,请你根据自己掌握的改装知识给王女士一些建议。

## 项目五　汽车外观及内饰改装

### 一、影音系统改装

汽车影音系统主要包括车载主机、扬声器、功放和显示器四部分。车载主机是车载影音系统的核心部分，主要功能是播放音源，相当于家庭影院的影碟机。不过为了更适合汽车内空间狭小的特点，车载主机经常带有一定的功放能力，如果对扬声器要求不是太高，就不再需要外接功放。现在的车载影音大多是专车专用的，除了可以放影碟、插U盘、SD卡等外，还可以插导航卡进行路径模拟导航，另外还有丰富的娱乐游戏。对于经济型轿车，为降低整车价格，必须压缩影音系统成本，有些原车的音响只采用小功率、少功能的主机和廉价低质扬声器。因此，更多的车主选择对爱车进行影音系统的改装。影音系统改装是指改装或者直接更换整个汽车的影音系统，初级的改装是将原车的主机换成CD、VCD、DVD、MP3等，现在市面上最流行的是调频+CD+MP3+U盘+存储卡的影音装置。还有的一些车主将影音系统加装在车门上（图5-21）、立柱上（图5-22）、座椅靠背上（图5-23）、行李箱里（图5-24）等。

图5-21　车门影音系统

图5-22　后排多媒体影音系统

图5-23　后排多媒体影音系统

图5-24　行李箱多媒体影音系统

（1）**影音系统的功能**　影音系统的改装主要就是针对汽车进行音响改装升级，其目的就是满足车主对汽车音乐的需求，汽车音响改装的好与坏、优与劣，除了产品的品质、价格、品牌因素外，还与改装技术有关。目前，通过改装可以使汽车影音系统实现以下功能：

1）DVD功能。可以播放各种视频和显示游戏画面。无损缩放技术，可以实现视频画面自动缩放，解决了各种不同片源在主机上的显示问题，保持画面不失真。应用了触摸屏及多点触摸技术，再结合流动式平滑切换用户界面技术，可直接用手指来控制主机所有操作，将极大改善车主的使用体验。

2）导航功能。采用最新高分辨率电子地图。齐集实景地图、手势命令和亚光防眩三大创新功能，功能、界面、数据全面革新。三维立体导航，采用三维建模的实景路口地图形式，可以显示全国各大城市 3 万多幅路口实景画面，将复杂路口完全真实地呈现，以最清晰突出的方式引导驾驶人进入目标车道。

3）收音功能。高灵敏度、数字调频，信号更强更稳定，可存储 24 个 AM/FM 电台，实时掌握各类新闻和交通路况信息。

4）蓝牙功能。通过内置蓝牙免提装置，实现行车过程中直接通过 DVD 主机显示屏接听、拨打电话，让车主在行车通话时可以双手操控转向盘，行车更安全。

5）虚拟碟盒功能。通过 DVD 播放器将碟片音乐文件直接存储到主机内置的存储器当中，同时具备目录管理功能，允许用户把喜欢的歌曲按目录归类，直接用主机一键切换，常用功能键一目了然，操作简单。

6）AV 输入功能。AV 功能输入，方便连接外部信号。

7）后台控制功能。可通过后头枕屏实现前后台独立控制，方便前排和后排的乘员同时享受各自喜欢的节目，互不干扰。

8）胎压检测功能。胎压检测功能模块，可对汽车在行车过程中轮胎内的温度和气压进行检测，当温度和气压高于或低于预设危险值时，将通过 DVD 主机提醒驾驶人注意，避免轮胎的"突发性"爆胎，大幅提升行车安全。

9）电视功能。支持 CMMB 数字电视标准，满足用户对收看移动数字电视的需求，使车主在行车过程中能接收到社会新闻、娱乐等各方面的信息。

10）IPOD 功能。预留 IPOD 接口，可通过主机动态图形化菜单直接实现 IPOD 所有功能。

（2）影音系统改装步骤　影音系统改装步骤详见表 5-8。

表 5-8　影音系统改装步骤及图示

| 序　号 | 操作步骤 | 图　示 |
| --- | --- | --- |
| 1 | 将原机部分拆下 | 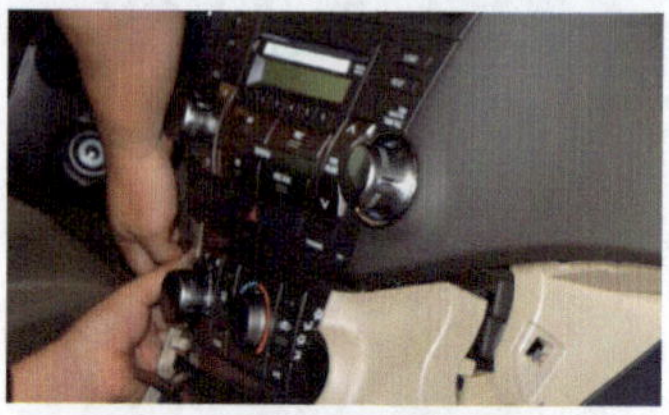 |
| 2 | 整理线路 | 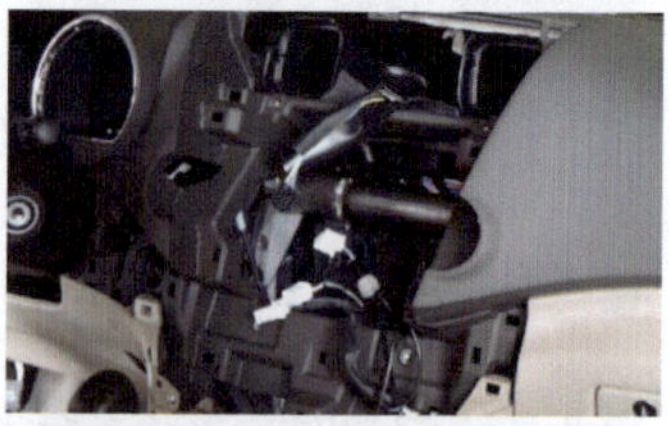 |
| 3 | 安装新显示器 |  |

项目五　汽车外观及内饰改装　131

(续)

| 序　号 | 操作步骤 | 图　示 |
|---|---|---|
| 4 | 安装完成，进行调试 |  |

通常情况下，汽车改装影音系统的同时会在汽车上加装 GPS 定位系统和倒车影像系统。

## 二、汽车脚垫的加装

为了能够吸水、吸尘、去污、隔音、保护原车地毯，通常车主在购车后都会安装脚垫（图 5-25）。汽车脚垫属于内部装饰品，保护车里车外的洁净，起到美观舒适点缀的作用。脚垫可以有效防止鞋底残留的水分、脏物造成与离合器、制动器和加速踏板间的滑动，降低内饰被污染和损坏的可能性。

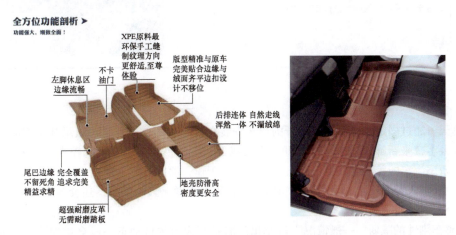

图 5-25　汽车脚垫

(1) **汽车脚垫材料**　国内主要流行的汽车脚垫材质主要有化纤材料、亚麻材料、PVC 材料和橡胶材料等。

1) 化纤脚垫。优点：汽车厂唯一选用原装配套材质脚垫。缺点：较难打理，时间久了会脏。

2) 亚麻脚垫。优点：价格便宜。缺点：摸上去比较软，清洗后容易起毛，而且清洗几次之后会变形，导致脚踩上去脚垫表面深陷下去，影响舒适性，需要经常更换。

3) PVC 脚垫。优点：容易清洗。缺点：冬天容易变硬，会滑动，部分产品原材料质量不可控，异味重。

4) 橡胶脚垫。优点：橡胶脚垫跟塑料脚垫一样，清洗方便。橡胶质地脚垫在温度变化比较大的情况下不那么容易变形，冬夏使用都适宜。缺点：异味较大。

5) 乳胶脚垫。优点：环保健康无异味、阻燃性好、防滑性好。同时极易清洗，是脚垫制作的极佳材质。缺点：乳胶脚垫目前在我国市场并不是主流，还有待于商家与消费者共同开发。

(2) **汽车脚垫的安装步骤**　详见表 5-9。

表5-9 汽车脚垫的安装步骤及图示

| 序号 | 操作步骤 | 图示 |
|---|---|---|
| 1 | 选择合适自己车型的脚垫：铺设脚垫的时候，要保证驾驶侧的脚垫不会影响加速踏板、制动踏板的使用，手动档车辆还包括离合器踏板 | |
| 2 | 安装脚垫：新款的车型都已经配有脚垫固定栓，安装的时候一定要用固定栓将脚垫固定牢靠。对于没有脚垫固定栓的旧款车型，车主在安装的时候可以选择自制固定粘胶，以确保脚垫不会移位 | |
| 3 | 安装完成：确保脚垫已经固定牢靠 | |

### 三、天窗的改装

汽车天窗通过固定式或可操作打开的形式安装在汽车顶部，打开时可以增加车内的空气流动，为车主及乘客带来新鲜空气，同时也可以增加视野，满足一些移动摄影的需求。天窗虽然能在很大程度上增添汽车的美观度，但不能盲目地去改装天窗，原因有以下四点。

1）改装加天窗不安全。私自开天窗除了会在很大程度上影响年检，还会带来质量等安全方面的隐患。

2）整车刚性的减弱。一般情况下汽车出厂时带有天窗的机动车一般会增加装横、纵梁龙骨，保证汽车的安全技术性。而如果私装天窗则会改变原车的整体结构和安全性能，当车顶增加了一个洞，整车的结构在一定程度上被破坏，车的刚性就会被大大地减弱，安全性远低于无天窗车型。另外，目前市面上的天窗质量鱼龙混杂，改装后可能会埋下安全隐患。

3）若密封性不好，会腐蚀车顶。假如改装得不好，会造成天窗漏水、车顶腐蚀等问题。安装天窗需要很精密的计算，单单防水问题，就有较高的技术难度。

4）私自开天窗违法。买车后私自开天窗不仅不安全而且违法。私自改装天窗属于擅自改变机动车已登记的结构、构造或者特征，机动车行驶证记载的登记内容与该机动车的有关情况不符，属禁止行为。

很多车主购买了无天窗或者非全景天窗的汽车，但为了追求更炫酷的外表，在无法开天窗的条件下，选择了全景天窗膜（图5-26）。贴全景天窗膜的步骤详见表5-10。

图5-26 汽车全景天窗膜

项目五　汽车外观及内饰改装

表 5-10　贴全景天窗膜步骤及图示

| 序　号 | 操作步骤 | 图　示 |
|---|---|---|
| 1 | 清洗车顶棚 |  |
| 2 | 将车顶两边的黑色胶条拆掉 |  |
| 3 | 测量顶棚尺寸，并裁剪车膜 | 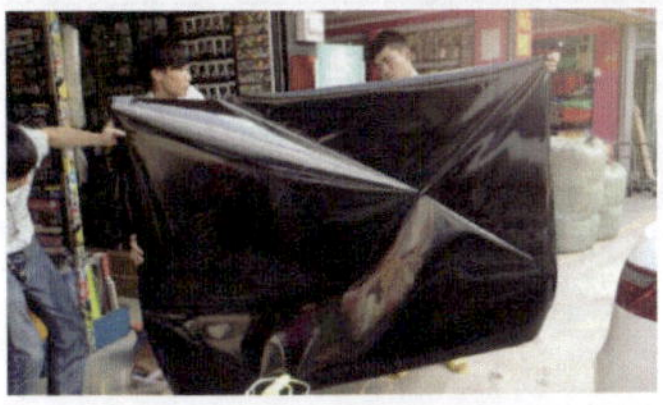 |
| 4 | 用喷壶向带胶一侧喷水，防止车膜立刻粘住车顶，确保车膜能移位调整 |  |
| 5 | 调整好位置后，进行贴膜、刮膜、烤膜等一系列处理，注意天窗部位不要动 |  |
| 6 | 裁去多余的车膜后，将车顶两侧的胶条固定在原来位置 | 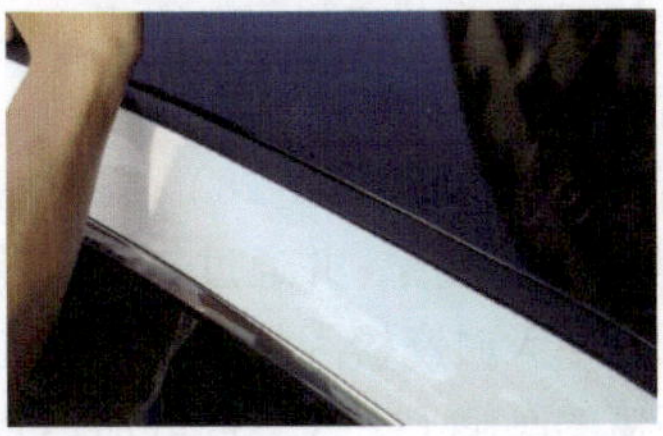 |

(续)

| 序 号 | 操作步骤 | 图 示 |
|---|---|---|
| 7 | 进行天窗部分的裁剪 | |
| 8 | 对天窗边缘进行塞边处理，一边用烤枪吹，一边将边缘部分粘在天窗内侧 | |
| 9 | 安装完成 | |

### 四、座椅的改装

汽车座椅按形状可分为分开式座椅、长座椅；按功能可分为固定式、可卸式、调节式座椅；按乘座人数可分为单人、双人、多人座椅。根据座椅的使用性能，汽车座椅从最早的固定式座椅，一直发展到多功能的动力调节座椅，有气垫座椅、电动座椅、立体音响座椅、精神恢复座椅，直到电子调节座椅。还有一些特殊使用对象的座椅，如儿童座椅和赛车座椅等。大部分车主在购车后，都喜欢在座椅上加装座椅通风系统、座椅加热系统或座椅按摩系统，以追求更好的乘坐舒适性。

座椅通风系统（图5-27），源源不断地将冷气从座椅坐垫与靠背上的小孔流出，防止臀部与后背积汗，提供舒适的乘坐环境。座椅通风又分为前排座椅通风和后排座椅通风。

图5-27　汽车座椅通风系统

座椅加热系统（图5-28）是利用座椅内的电加热丝对座椅内部加热，并通过热传递将热量传递给乘坐者，改善冬天时座椅因长时间停放座椅过凉造成的乘坐不舒适感。座椅加热一般出现在选用真皮材料座椅的车辆上，大多数电加热装置都有温度可调节的功能。

座椅按摩系统（图5-29）一般在高档车上才有，设计者在座椅内加入气动装置，气压由发动

## 项目五　汽车外观及内饰改装

机舱的气泵提供，座椅靠背内分别有 4 个或多个气压腔，实现对腰椎部的保护。座椅按摩又分为前排座椅按摩以及后排座椅按摩。

图 5-28　汽车座椅加热系统

图 5-29　汽车座椅按摩系统

以加热系统为例，加装座椅加热系统的步骤详见表 5-11。

表 5-11　加装座椅加热系统的步骤及图示

| 序　号 | 操 作 步 骤 | 图　示 |
| --- | --- | --- |
| 1 | 拆卸座椅 | |
| 2 | 打开座椅套 | |
| 3 | 打开后背挂钩 | |

(续)

| 序　号 | 操作步骤 | 图　示 |
|---|---|---|
| 4 | 塞入加热垫 | 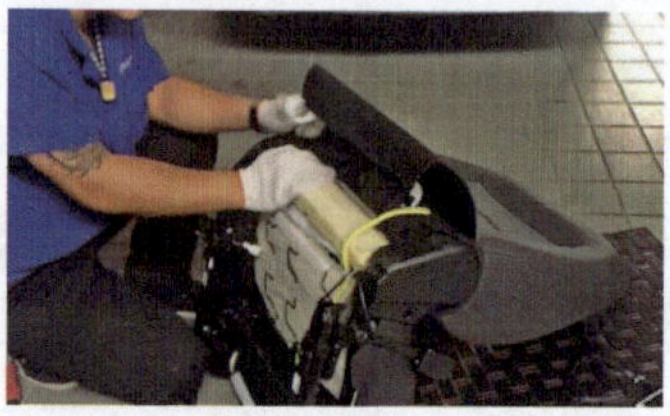 |
| 5 | 安装座椅 | 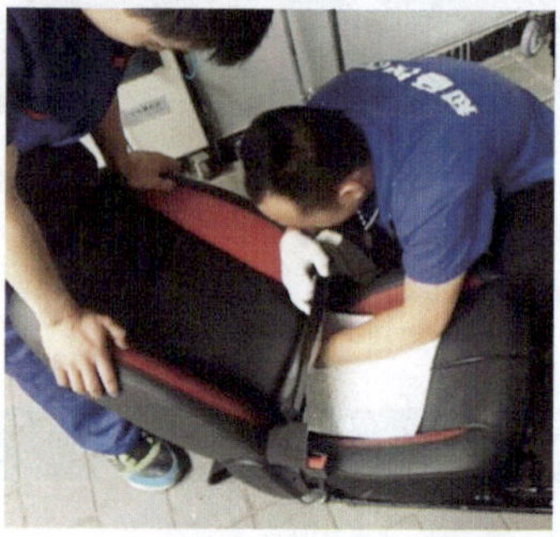 |
| 6 | 开始接线 | 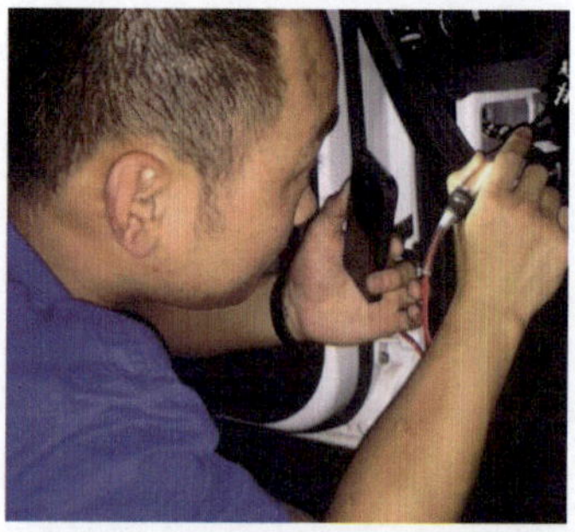 |
| 7 | 安装加热开关 |  |

## 五、内饰改色

汽车内饰主要是指汽车内部改装所用到的汽车产品，涉及汽车内部的方方面面，比如汽车转向盘套、汽车坐垫、汽车顶棚、汽车仪表、汽车脚垫、汽车香水、汽车挂件、内部摆件、杂物箱等。越来越多的人开始将自己的爱车进行内饰改色（图5-30），把旧车装饰得焕然一新，当车身内部乘坐环境及汽车外表与环境色彩达到协调，能给乘客及行人以美的感受。

## （1）内饰改色需要注意的事项

1）舒服和谐：汽车内饰的色彩和质感都要契合车主的审美观以及个人的喜好，防止呈现过快的厌旧状况。

2）实用：依据汽车内空间的大小和结构，尽可能地选用能充分表现车主个性的、美观的、实用的真皮进行改装。

3）整洁：长时间的开车，车主是非常容易疲劳的，所以车内饰理应都是要洁净整洁，给人一种安闲清新的感受。

4）安全：汽车内饰绝不可以呈现阻碍驾驶人的安全行车或乘员的安全的状况，如车内的色彩不能太花，不能让车主发生视觉差错；改装不能影响安全气囊的正常作业等。

图 5-30　汽车内饰改色

## （2）内饰改色的步骤
以车门为例，步骤详见表 5-12。

表 5-12　车门改色的步骤及图示

| 序号 | 操作步骤 | 图示 |
|---|---|---|
| 1 | 用量尺每边多量出 2cm，以免改色膜收缩贴不全 | |
| 2 | 下料 | |
| 3 | 先用麂皮擦净要贴的地方，避免有灰尘影响美观 | |

（续）

| 序　号 | 操作步骤 | 图　示 |
|---|---|---|
| 4 | 用刮板围着缝隙走一圈，扩大缝隙，最后塞膜的时候相对轻松些 |  |
| 5 | 开始贴膜 |  |
| 6 | 将多余的膜裁掉，留出少许多余的膜，进行塞边 | 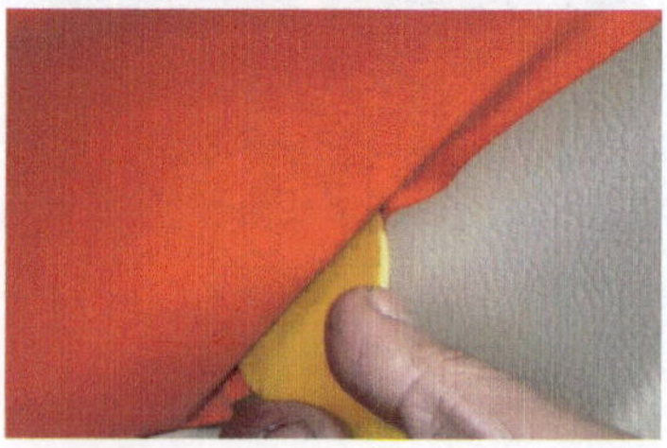 |
| 7 | 塞完边后，用烤枪顺着烤一遍，同时除去里面的气泡 |  |
| 8 | 完成 |  |

## 项目五　汽车外观及内饰改装

| | 图片及介绍 |
|---|---|
| 原车 |  |
| 改装后 |     |
| 任务分析 | 大众 T5 是大众汽车的一款多用途 MPV。改装后的 T5 采用全真皮内饰、木质地板、航空座椅，给人一种大气豪华的感觉 |

| 任务名称 | 汽车内饰改色 | 学时 | | 班级 | |
|---|---|---|---|---|---|
| 学生姓名 | | 学生学号 | | 任务成绩 | |
| 实训设备 | 车膜、刮板、裁纸刀、烤枪等 | 实训场地 | | 日期 | |
| 任务描述 | 对汽车车门进行贴膜处理 | | | | |
| 任务目的 | 通过教师演示，分组操作，使学生掌握加装内饰改色的基本方法和技巧 | | | | |

(续)

一、资讯

　　汽车内饰装饰主要涉及汽车内部的皮料包覆、分隔造型、内部改色、氛围灯光改造、地板毛毯更换、装饰条安装等。现在越来越多的车主开始利用汽车内部改色来增加汽车内部的色彩，并增加乘坐的舒适度。汽车内部改色的范围主要包括汽车车门、汽车顶棚、汽车仪表、汽车座椅、汽车立柱、汽车转向盘等。改色的方法也有多种多样，比如贴膜、喷漆、包真皮等。

二、简答题

　　汽车内饰改装的原则有哪些？


三、操作过程

| 序号 | 操作项目 | 操作步骤 | 完成情况 |
| --- | --- | --- | --- |
| 1 | 量尺 | 每边多量出 2cm，以免改色膜收缩贴不全 | |
| 2 | 下料 | 对改色膜进行裁剪 | |
| 3 | 清洁 | 避免有灰尘，以防贴出来影响美观 | |
| 4 | 刮膜 | 用刮板围着缝隙走一圈，扩大缝隙，最后塞膜的时候相对轻松些 | |
| 5 | 贴膜 | 开始贴膜 | |
| 6 | 塞边 | 将多余的膜裁掉，留出少许多余的膜，进行塞边 | |
| 7 | 烤膜 | 除去气泡 | |

四、检查

任务完成后，进行如下检查：

1. 检查仪器、工具、设备是否复位：_____。
2. 检查场地是否清洁：_____。
3. 检查任务工单是否填写完整：_____。

五、评估

1. 请根据自己任务完成的情况，对自己的工作进行自我评估，并提出改进意见。

1) _____

2) _____

2. 工单成绩（总分为自我评价、组长评价和教师评价得分值的平均值）

| 自我评价 | 组长评价 | 教师评价 | 总　分 |
| --- | --- | --- | --- |
| | | | |

## 项目六 汽车越野性能改装

### 目标与要求

通过完成本项目,应达成以下目标及要求:
1. 掌握越野车防护杠的选用方法。
2. 掌握越野车车顶灯改装的基本知识。
3. 掌握越野车防滚架改装的基本知识。
4. 掌握越野车轮胎改装的基本知识。
5. 掌握汽车绞盘安装的操作步骤。

## 任务一 越野车防护杠与车顶灯的改装

### 任务导入

在大多数人的心中,越野车狂野、个性十足的外形,不过是车主为了张扬自己的个性而装扮起来的,甚至有哗众取宠的感觉。其实不然,越野车外观上的每一件装备,都有它特殊的作用。一些是为了方便使用的工具,有一些是为了满足特殊情况时驾驶的需要,还有一些是为了在极限路面驾驶时保障驾乘人员的安全。

### 知识准备

#### 一、防护杠改装

**1. 防护杠改装目的**

防护杠是加装在越野车前、后或是两侧,用于吸收和缓和外界冲击力,保护车身安全的装置。普通车辆标配的保险杠,其防护范围相对较小,当车辆与平面物体相碰撞的时候,可以对车辆起到防护的作用。但当车辆与高于保险杠的物体或是凹凸不平的物体相碰撞的时候,这种保险杠就很难为车辆提供全方位的保护。

在野外,地形复杂多变,意外的碰撞时有发生。为了能够最大程度地保护车辆,在越野之前,需要安装专用的防护杠。当车辆与凹凸不平的表面碰撞的时候,这种防护杠基本可以满足车头正面和侧面的保护需要。而且这种防护杠还可以对车的前照灯起到防护作用,使障碍物(如树枝、两侧突出的岩石等)不能够直接撞到前照灯的表面。

具有优美造型的越野车防护杠,除了具备防撞功能外,还是车身外部的装饰品,已成为整车造型的组成部分,与车身有机地融合为一个整体,使汽车看起来坚实有力,具有鲜明的个性。越野车防护杠的装饰效果如图6-1所示。

位于侧面和后面的防护杠还可以起到踏板的作用，为乘客上下车及向行李箱、车顶行李架放置物品提供方便。具有踏板功能的防护杠又可以称为踏板杠，如图6-2所示。

图6-1　越野车防护杠

图6-2　侧踏板杠

**2. 越野车防护杠的种类**

防护杠从结构上可以分为前杠、后杠和侧杠（或称侧踏板）三类。

(1) 前杠　前杠有一体前防护杠和竞技杠两种。一体前防护杠，在越野场地可以清除石头、泥土、树木、杂草这类的障碍物，还可以保护车身和底盘，在都市行驶的时候，它兼顾装饰性与实用性。竞技杠的结构简洁，杠体接近角大，可安装各类绞盘，杠体重量轻，适合于比赛使用。缺点是不能承受侧面的撞击。

前杠还可分为U形前杠和护灯前杠两种。

1) U形前杠。U形前杠（图6-3）的结构简单，可以保持车型原有的面貌，几乎什么车都可以使用，但它只能防御正面撞击，不能抵挡来自斜前方的撞击。

2) 护灯前杠。护灯前杠（图6-4）可全方位地保护前脸，抵挡来自正面和斜前的撞击。车主在转弯过程中如果判断有误，转弯角度不够而导致车辆撞击障碍物，护灯前杠可以有效地保护车身。

图6-3　U形前杠

图6-4　护灯前杠

(2) 侧杠　侧杠也称边杠，是用螺栓固定在车的两侧车门下方的长管，其直接功能是方便驾乘人员上下车，当车主需要放置东西到车顶的时候，它还可以充当垫高物。另外，侧杠可以起到轻微的防侧撞保护作用，越野车在山地行驶时，侧杠也可以顶住一部分山石对车辆的破坏。侧杠有粗细之分，以及越野车专用和微型车专用之分。越野车的底盘高，而且底盘结实，可以安装粗管，微型车底盘低，轮距短，只适合安装细管。

（3）后杠　后杠安装在车辆尾部，它一方面起到防护功能，另一方面可以通过杠体中央的拖车方口安装一个拖车钩，为同行者提供救援保障，如图6-5所示。很多车主喜欢在后杠加装反光片，在夜间行驶的时候提示后面的车辆。后杠可以分为单管式和双管式。后杠的材料与前杠相同，具有极强的硬度和极好的韧性。

（4）尾梯　尾梯同样可以缓解来自后方的冲击，款式大多以实用为主。尾梯的材料可以分为不锈钢和铝合金两种，前者防腐蚀性能强，光泽度高，承重能力高，因此应用最广泛，如图6-6所示。

图6-5　后杠

图6-6　尾梯

**3. 越野车防护杠的选用**

目前，汽车装饰市场防护杠的类型、款式很多，汽车用品生产厂家针对不同款式的车型量身定做了多种护杠产品，在选用时应注意以下事项。

（1）看材料　越野车防护杠的主体材料一般为不锈钢，为了实用和美观，另外还以塑料件或铝管装饰。劣质防护杠大多是铸铁质地，外面镀一层仿不锈钢材料，时间长了容易从里面锈蚀，塑料件也容易变颜色、掉漆。还有一些钢管制作的劣质防护杠，在里弯处会起褶子，此类劣质防护杠不要选用。

（2）看产地　国产防护杠的品牌比较杂，大多数出自不锈钢生产基地。某些厂家由于同时也为丰田、三菱、JEEP等一些品牌越野车提供防护杠等不锈钢配套产品，因此产品质量应该有所保证。进口防护杠采用高水平的烤漆工艺，产品表面平滑光亮，透明性好，立体感强，耐化学品腐蚀性强，后续维修成本低。

（3）看外观　正规设备加工出来的防护杠，不管弯度多大，钢管都很平顺。有些防护杠经过静电喷涂工艺处理，其特点是工艺简单，附着力好，其缺点是表面粗糙，有橘皮、针孔缺陷。静电喷涂工艺加工成本低，后续维修成本高且不方便。

**4. 越野车防护杠的安装**

越野车防护杠安装的步骤与方法如下：

1）选杠。选择款式、颜色与车身相协调的防护杠。
2）准备。将用于安置的螺栓、电钻、扳手等材料及工具准备好。
3）清洁。将安装部位清洗干净，并擦干。
4）钻孔。在汽车的连接部位钻出安装孔。
5）固定。用螺栓将各防护杠固定在连接部位上。

6）防锈。为防止锈蚀，在各钻孔安装点均要采取防锈措施。

安装防护杠并不复杂，一般正规改装店都能进行，车主也可以通过以下方法检查安装效果：首先看防护杠与车辆是否协调，有无影响车辆原有的配置；其次看安装两边是否对称，用力摇动时是否牢固，此时振动越小越好；再次看在安装过程中是否改变了车体的部件，车身的螺钉是否恢复原位，所有的螺钉是否拧紧牢固。由于它完全是钢管结构，非常重，安装后会影响车辆前后配重的重心，从而影响车辆的性能。解决这个问题的方法是在车后安装相应重量的保险杠或配重物品。

## 二、汽车越野车顶灯的改装

照明系统也是越野车改装的一个重要的部分，其目的是为了解决越野车在夜间和雾天等需要照明的环境下的照明问题。越野车的车身上之所以要安装比一般车辆更多的灯，是有它非常实用的意义的。有时在极度恶劣的环境下或者在出现故障后急需救援的情况下，一套好的灯具往往可以帮助驾驶人轻松地走出困境，甚至可以挽救生命。

### 1. 越野车车顶灯的种类

灯具的种类很多，它们的用途也各不相同，大致可分为射灯、散射灯、防雾灯和特殊灯具。

（1）散射灯　散射灯如图 6-7 所示，是一种照射面积和角度非常大（一般可以达到 120～160°），但是它光线的强度却不是很强。这种灯适合在观察近距离路况和障碍时使用。夜间需要通过相对艰难的路面时，可以清晰地观察路面的范围，是驾驶人能够顺利通过障碍的关键。很多驾驶人都会有过这种体会：就是在夜间非常困难甚至是无法通过的路段，在白天却显得非常得轻松。这就是因为白天的视野要比夜间宽，清晰度高。所以在夜间行驶时一个射角度宽、照射范围广的散射灯是必不可少的。

（2）射灯　如图 6-8 所示，能够将带有聚光效果的光线聚合在一个较小的范围内，而它的光线射程是最远的，即使高速行驶时，也容易被其他道路使用者察觉。在丛林行驶时，越野车更可利用射灯照射远处的物体，也可在黑夜环境中用以探路、搜寻及营救。

图 6-7　散射灯

图 6-8　射灯

（3）搜索灯　如图 6-9 所示，它能够提供全方位搜索、定点照射，并且可以遥控；附带指南针功能；360°全方位任意旋转，上下 90°任意控制；磁吸式安装，无需专业人员操作。

### 2. 越野车车顶灯的加装

越野车车顶灯加装方式主要有三种：一是通过灯架进行安装；二是通过吸盘进行安装；三是安装在车顶行李架上。在安装时应当注意以下事项：

项目六　汽车越野性能改装

1）车顶灯的上沿不能超过风窗玻璃的延长线，以避免发动机罩反光，甚至引起风窗玻璃反光。

2）避免与原车灯共用电路，必须另外铺设灯线，且要用套管包裹，并固定牢靠。

3）灯具需要有单独的保险装置，有条件时最好从原车的熔断器通过，或单独设置熔断装置，并将其放在可靠且明显的位置，车主必须知晓。

4）必须在开关前加装继电器以实现弱电控制强电，确保安全。

5）避免与原车并用开关，有条件的应当将电路与原车示宽灯控制器连接，从而实现车锁处于关闭状态时辅助灯光全部断电，以消除因忘记关灯导致蓄电池过分放电的隐患。

6）灯具与灯线之间最好采用插头连接，这样可方便灯具维修、维护和临时性拆除。

图 6-9　搜索灯

| | 图片及介绍 |
|---|---|
| 原车 |  |
| 改装后 |  |
| 任务分析 | 北汽 BJ40 改装前防护杠和车顶灯。这款保险杠可以兼容市场上几乎所有尺寸和规格的绞盘。为方便加装越野辅助灯，这条防护杠还预留了安装口，这辆 BJ40 也加装了相应的 LED 越野辅助灯，另外该前杠还可选装辅助灯架，可在上面安装标准的 LED 越野辅助灯 |

| 任务名称 | 越野车防护杠与车顶灯的改装 | 学时 | | 班级 | |
|---|---|---|---|---|---|
| 学生姓名 | | 学生学号 | | 任务成绩 | |
| 实训设备 | | 实训场地 | | 日期 | |
| 任务描述 | 小王是一位私家车的车主,他想把自己的越野车进行一番改装。但是不知道自己的爱车应该如何改装。你能告诉小王关于汽车越野车改装的一些知识吗? | | | | |
| 任务目的 | 以行动为导向,引导学生学习,按照法律法规来定制改装方案 | | | | |

一、简答题

1. 防护杠从结构上可以分为哪几种?

2. 越野车防护杠在选用时有哪些注意事项?

3. 越野车车顶灯的种类有哪些?

4. 越野车车顶灯加装方式主要有哪几种?

二、检查

任务完成后,进行如下检查:

1. 检查仪器、工具、设备是否复位:_____。
2. 检查场地是否清洁:_____。
3. 检查任务工单是否填写完整:_____。

三、评估

1. 请根据自己任务完成的情况,对自己的工作进行自我评估,并提出改进意见。

1) _____

2) _____

2. 工单成绩(总分为自我评价、组长评价和教师评价得分值的平均值)

| 自 我 评 价 | 组 长 评 价 | 教 师 评 价 | 总　　分 |
|---|---|---|---|
| | | | |

项目六 汽车越野性能改装

## 任务二 越野防滚架及越野轮胎的改装

### 任务导入

李先生的越野车开了两年了,现在发现轮胎的抓地能力明显下滑,想对其进行更换,但是李先生对于越野轮胎不甚了解,你能根据自己所学的知识,给李先生一些建议吗?

### 知识准备

#### 一、越野车防滚架的改装

**1. 防滚架改装的目的**

防滚架又称内笼、防滚笼,是加装在车身附近的钢管框架,如图 6-10 所示。车辆在野外行驶的时候,尤其是从事极限越野驾驶或参加汽车越野比赛的时候,由于地形非常复杂多变或驾驶人判断失误,翻车的事故时有发生。防滚架它可以抵御翻车时地面对车厢外层结构的冲击,最大限度地保持车厢外壳的形状,在外壳受压变形的时候撑起车厢内部的空间,防止因车体严重变形而使驾乘人员受伤或是被卡在车内。

**2. 越野车防滚架的改装形式**

目前改装防滚架分为外置式和内置式两种。

(1) 外置式防滚架(图 6-10) 外置式防滚架一般采用与防撞保险杠相类似的钢管材料,主体与车身的钢架主体和车辆的底盘相连接。有一些防滚架与前防撞保险杠和踏杠连接为一体。对车辆形成一个全方位包裹式的防护。

(2) 内置式防滚架(图 6-11) 内置式防滚架是在驾驶室内部安装,形成了一个内部的防护框架结构。这种防滚架是单独与车辆的底盘相连接的。不过这种防滚架要求在车辆的地板上钻个钢管粗细的洞,以便钢管可以从车厢内钻出去与底盘相焊接。这种防滚架的保护性能非常好。

图 6-10 外置式防滚架

图 6-11 内置式防滚架

**3. 越野车防滚架的安装**

防滚架安装在车内时,应当尽量靠近车体,但不可以因此拆除车内的装饰部件。前防滚栏或横侧面防滚栏在靠近风窗玻璃框的部分如果不能笔直,则必须顺应风窗玻璃框的弧度。横侧面防滚栏与主防滚栏只可在主防滚栏的拐角处连接。

安装防滚架时可以焊接固定,也可以采用螺栓固定,还可以两种方法都用。防滚栏、支撑杠及允许选用的加强支撑杠在与车体连接固定时，其固定点必须装有一块加固板。这块加固板若用螺栓固定，则必须放在车体外，用至少三个直径为 8mm 且质量较好的螺栓固定。

后支撑杠和选用的加强支撑杠的底座及固定板的面积应当至少是标准加固板面积的 2/3。如果受固定点位置的限制，其面积至少达到 $60mm^2$。斜支撑杠和后支撑杆与主防滚栏之间若不是一个固定点，则其距离必须保持在 10cm 以内。

## 二、越野车轮胎的改装

### 1. 越野车轮胎的改装目的

轮胎是车辆与地面唯一的接触部分，它就像汽车的两只脚。对越野车而言，其动力、制动性能、越野能力都要通过轮胎表现出来。所以，越野车轮胎是车辆性能最主要的展现者。

80% 以上的越野车在出厂时，标准配置的轮胎为公路胎（俗称 HT 轮胎），如图 6-12 所示。这种轮胎胎壁柔软，胎面花纹细密，追求公路行驶的舒适与安静，突出的是公路转向操控性和一定的湿地性能。公路胎在沙地表现尚可，不易刨坑陷车，但在非铺装路面上通过性能很低，对于越野爱好者来说，必须加以改装。

越野车换上非原装的轮胎，不仅可以直接扩大车辆的活动能力，并且换成大轮胎后，给人视觉上的冲击力远胜过轿车，能更好地体现出越野车的威武和野性。

图 6-12　公路胎

### 2. 越野车轮胎的种类

不同的轮胎将给车辆带来不同的性能改变；不同的路面，应该选择不同的轮胎。目前，供越野车使用的轮胎大约有以下几种。

（1）全地形轮胎　全地形轮胎（图 6-13）英文名是 ALL TERRAIN，在国内一般被简称为 AT 轮胎，也是越野爱好者使用最多的轮胎。全地形轮胎的设计比公路胎具有兼容性，其花纹设计的比较粗犷，胎牙的间距也比公路胎略大，这种设计的负面效果是公路性能下降，噪声有所增加，但是耐用性和在非铺装路面上的附着力要强于公路胎，是越野和公路性能兼顾的轮胎。基于资金和频繁更换轮胎造成不便的考虑，一般情况下选择安装这种轮胎。

AT 轮胎之间的区别很大，它是越野胎中最复杂的，有侧重于沙地越野的，有侧重于公路行驶的，也有侧重于泥地行驶的。总之，触地橡胶越多，公路操控性越好；触地花纹越少，同时沟槽越深，越野性能越好。

（2）泥地轮胎　泥地轮胎（图 6-14）简称 MT（Mud-Terrain）轮胎，一般只有越野发烧友和特殊路段工作者才会选用。它与公路胎正相反，泥地轮胎壁坚硬，胎牙夸张，胎牙之间的距离明显偏大，便于泥地行驶的时候慢速排泥或高速甩泥，另外在一些恶劣的地面上更容易增加附着力，如凹凸不平的岩石地面。在公路上行驶时泥地轮胎的噪声很大，当车速低于 10km/h 的时候还会感觉到胎牙的振动。制动和转向性能都与公路轮胎相差许多，下雨的铺装路面更容易失控。

图 6-13　全地形轮胎

（3）雪地轮胎　在积雪路面开车时最好使用雪地轮胎（图 6-15），这种轮胎的花纹与全地形轮胎比较相似，但在它的表面有许多小的突起，这些突起是嵌在轮胎内部的小铁钉。有了这些小铁钉的帮助，当轮胎压过附着力比较小的冰面时，轮胎表面可以嵌到冰面里一部分。这样就确保车辆在冰面行驶时不会打滑、空转，从而使车辆安全地正常行驶了。

与普通轮胎相比，雪地轮胎通过特殊的配方来增大与冰雪路面的摩擦力。它的优点在于提高了冰雪路面的通过性和安全性。雪地轮胎胎面的材质更软，精心配制的二氧化硅混合物橡胶配方能与光滑冰面接触得更紧密，从而产生更大的摩擦力，使得车辆在光滑冰面上的操控性和安全性大大提高。当温度低于10℃时，雪地轮胎的表面变得更软，从而获得更好的抓地力。普通轮胎正好相反，越冷越硬。

图 6-14　泥地轮胎

图 6-15　雪地轮胎

（4）雨林胎　雨林胎俗称蜈蚣胎，选用者大多数用于各类有大量泥地的赛事。雨林胎的胎牙很夸张，开玩笑地说，可以滚动几乎是它在公路上唯一的功能了，不过在泥地里它是当仁不让的高手，性能比普通的泥地轮胎强不少。尽管雨林胎用的人少，但是越野迷们还是时常津津乐道。

除了以上三种常见的越野轮胎，还有一些比较专业但很稀少的轮胎类型，比如：攀岩轮胎、沙漠轮胎等。

**3. 越野车轮胎的选用**

轮胎是汽车动力输出最直接的承载。一款好的轮胎可以增加30%～50%的抓地能力。在选购越野轮胎时应注意以下问题：

（1）尺寸搭配　换大轮胎可以升高底盘，但是轮胎并不是可以无限放大的。轮胎越大，传动系统的阻力就越大。在没有更换变速齿轮的情况下，更换过大的轮胎会导致车辆动力的损失，严重时候，甚至会造成传动系统的硬性损伤断裂，使车辆不能正常使用。所以，请在更换轮胎的时候一定要适可而止，切不可贪图美观而随心所欲。

图 6-16　雨林胎

（2）轮毂　好轮胎必须配好轮毂。从耐用和遵守相关法律角度出发，大多数的越野车在出厂时都是配置偏位为正值的轮毂，如果想要轮胎外张（加宽轮距），换用负值轮毂是最好的选择。

目前市面上常见的负值轮毂有铝合金和锻铁两种，表面的处理更是多种多样。铝合金轮毂售价稍高，不易变形，越野之外也适合高速行驶；锻铁轮毂价格便宜，国内常见负值通常为-25，还可以订做特殊孔距，表面处理以黑色、白色、电镀居多。

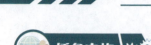

## 任务实施

| | 图片及介绍 |
|---|---|
| 原车 |  |
| 改装后 |  |
| 任务分析 | 牧马人更换 XD 137 越野轮胎后，轮圈直径达到 20in，款式十分漂亮。与轮圈搭配的是规格为 40＊15.50R20LT（即轮胎直径为 40in，轮胎宽度为 15.50in，轮圈直径为 20in）的极端地形轮胎，将它的越野性能带来大幅度的提高 |

| 任务名称 | 汽车越野防滚架及越野轮胎的改装 | 学时 | | 班级 | |
|---|---|---|---|---|---|
| 学生姓名 | | 学生学号 | | 任务成绩 | |
| 实训设备 | | 实训场地 | | 日期 | |
| 任务描述 | 小张是一位私家车的车主，他想把自己的越野车进行轮胎改装，但是不知道应该如何改装，你能告诉小张关于越野车轮胎改装的一些知识吗？ | | | | |
| 任务目的 | 以行动为导向，引导学生学习，按照法律法规来制定改装方案 | | | | |

一、简答题

1. 越野车防滚架的改装形式？


2. 越野车轮胎的种类？

项目六　汽车越野性能改装

(续)

### 二、检查

任务完成后，进行如下检查：

1. 检查仪器、工具、设备是否复位：_____。
2. 检查场地是否清洁：_____。
3. 检查任务工单是否填写完整：_____。

### 三、评估

1. 请根据自己任务完成的情况，对自己的工作进行自我评估，并提出改进意见。

   1) _____

   2) _____

2. 工单成绩（总分为自我评价、组长评价和教师评价得分值的平均值）

| 自我评价 | 组长评价 | 教师评价 | 总　　分 |
| --- | --- | --- | --- |
|  |  |  |  |

## 任务三　越野车绞盘的加装

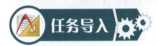

绞盘被称作"4×4的第五驱动"，是越野必不可少的救援装备之一。当你的车子在沼泽、沙漠及泥泞等恶劣环境中行驶不幸陷入泥潭时，一只电动绞盘就是此刻脱困最有效的工具。那么，加装绞盘时需要考虑哪些因素？如何对绞盘进行加装和使用？

### 一、绞盘的作用和种类

**1. 绞盘的作用**

绞盘（图6-17）是越野车自我保护及牵引的装置，可在雪地、沼泽、沙漠、海滩、泥泞山路等恶劣环境中进行车辆自救，并可能在其他条件下，进行清障、拖拉物品、安装设施等作业。

**2. 绞盘的种类**

绞盘按其原动力的不同可分为机械绞盘、电动绞盘、液压绞盘和车轮绞盘四种，其特点详见表6-1。

图6-17　越野车的绞盘

表6-1 绞盘种类及优缺点

| 种类 | 动力源 | 优/缺点 |
|---|---|---|
| 机械绞盘 | 以分动箱输出的动力为动力源 | 优点：能持续提供较大的拉力，单次使用时间长（不存在发热问题），可以提供多方向拉力（前、后、甚至左右），是军用车辆或高性能越野的最佳选择 |
| | | 缺点：必须使用发动机动力，即在发动机因进水等原因无法工作时无法使用；分动器失去绞盘方向驱动力时也无法使用 |
| 电动绞盘 | 依靠车辆自身的电力系统驱动 | 优点：可以在车辆熄火的情况下基本正常使用（这是它的最大优点，也是其他绞盘无法比拟的），尤其对于水多的地区有很大优势，安装简单可以实现多位置安装及迅速移位，是越野车最常用的一种绞盘 |
| | | 缺点：不能维持长时间的使用（车辆自身电力系统局限性、自身易发热等原因），大部分电动绞盘能提供的驱动力较小，只能向一个方向施加力量（安装于车前只能向前拉，安装于后部只能向后拉） |
| 液压绞盘 | 以车辆的动力/助力转向系统为动力源，使用助力转向泵提供原动力 | 优点：安装方便，由于其外部固定部分基本实现了通用化，甚至在野外即可实现互换，驱动力界于电动和机械绞盘之间 |
| | | 缺点：和机械绞盘一样，必须使用发动机驱动力，即必须保持发动机转动，且一旦动力转向系统出现故障，则无法使用（在部分越野情况下，动力转向系统容易受到外界破坏） |
| 车轮绞盘 | 由车轮轴提供驱动力，使用越野车轮的六颗固定螺钉中的四颗进行固定 | 优点：这是一种比较新的绞盘系统，安装和拆卸极其简便（和换轮胎是一个步骤），重量极轻（比任何一种其他绞盘都轻，不会被前悬带来致命的额外重量），价格便宜，可提供前后双方向拉力 |
| | | 缺点：由于其力量点是轮轴，所以位置太低，造成部分条件下无法使用，而且也必须使用发动机动力 |

## 二、绞盘的选购与安装

### 1. 绞盘的选购

（1）看拉力　绞盘型号中的阿拉伯数字表示最大拉力，选购绞盘的原则一般是以车辆自重的1.5倍拉力为宜。因为绞盘型号上标称的是最大拉力，但实际使用中这是个极限。如果车辆长时间在发动机的极限下使用，必然会影响寿命。同样在极限状态下，绞盘会发生钢缆拉断、电动机烧毁的事故，严重的更会造成旁观者受伤，车辆也可能因此而失控。

（2）看电机　电动绞盘（图6-18）的动力部分（即电动机）也有两种，即永磁电机和串磁电机。前者

图6-18 电动绞盘

有动作快、功率大、适合长时间卷拉和造价高等特点，而后者则是电流小、结构简单和造价低的传统形式。现在车辆的蓄电能力都大，所以目前主流的越野车绞盘的大功率电机多使用串磁电机。判断一个绞盘用得是永磁电机还是串磁电机，只要看一眼控制盒输出到电机部分的线路条数就可

以明白，两条线的是永磁电机，而三条线的就是串磁电机。

(3) 看品牌　国际上比较有名的绞盘品牌有 RAMSEY、WARN、SUPERWINCH。美国的 RAMSEY 早在二战时就开始制造绞盘了，但越野车绞盘只是它专业绞盘设备的一小部分。WARN 也是美国品牌，其产品主要作为 ARB 品牌越野车附件销售。SUPERWINCH 的历史只有 30 年，是一家小而全的绞盘盘厂。

在国内，金润品牌占据了绝大部分市场，其他如 T-MAX、东风、联达、天顺等厂家，分享东南亚、俄罗斯及中东市场，并针对国内市场少量供货。

(4) 看价格　在国内，进口绞盘的零售价大约占车价的 1/40，比如给大切诺基配一部绞盘为 9500 元左右。

国内品牌绞盘在价格上具有明显的优势，比如 RUNVA 在保证性能同比的情况下，价格只有进口绞盘的 1/3，最新改进型串磁电动机 GEW 或 NEW 系列绞盘价格也只有进口绞盘的一半。

**2. 绞盘的安装**

(1) 绞盘的安装形式　同级别的绞盘其安装尺寸是一样的，托盘等附件可以通用。绞盘的安装形式一般有外置式、隐藏式和快装式三种。

1) 外置式绞盘。外置式绞盘（图 6-17）是将绞盘直接安装在保险杠外部。像吉普牧马人和 BJ2020 这样的品牌越野车，由于前保险杠突出车身，所以有较自由的安装空间，只要把托盘固定在保险杠上，就可以在托盘上直接固定绞盘。

2) 隐藏式绞盘。隐藏式绞盘是将绞盘安装在保险杠内侧，如图 6-19 所示。像大切诺基这样的豪华 SUV，需要协调的外形。越野车的附件厂为它设计了专用保险杠，绞盘可以安装在里面。由于专用保险杠的外形也很漂亮，所以这种隐藏式的安装更增加了 SUV 的雄浑气势。

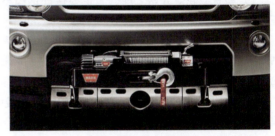

图 6-19　隐藏式绞盘

3) 快装式绞盘。快装式绞盘中配备有快装机构，可在车上实施快速安装，如图 6-20 所示。

(2) 绞盘的安装步骤　绞盘的安装并不复杂，但却是最重要的一步，因为它直接关系到以后各步骤及绞盘的使用效果。最重要的是注意绞索鼓轮的状况，开始之前及整个使用过程中都要确保绞索的均匀缠绕。具体安装过程如下：

1) 插入遥控器。将遥控器连线端头插入绞盘。

2) 不要让遥控器连线悬垂。驾驶人可在驾驶座上操作遥控器，把多余的连线绕在车侧后视镜上，工作起来方便。

图 6-20　便携式绞盘

3) 拉开绞索，用遥控器将绞索放出一点，然后打开安装在绞盘侧面的绞索钩。

4) 打开离合器。注意，一定要打开钩子以后再打开离合器。

5) 用手握住绞索钩。将绞索从鼓轮上拉下时，用一只手握住钩子，无论把绞索拉得多长，都不会够不着钩子。

6）将绞索拉到支点后，锁上离合器。绞盘准备完毕。

### 三、绞盘的使用与保养

**1. 绞盘的操作步骤**

（1）固定支点　不管使用什么样的绞盘，如果没有安全的支点，就无法充分发挥其潜力。也就是说，固定支点是使用绞盘时至关重要的一步。绞盘工具套装如图6-21所示。

在使用绞盘时，还需要一根带子来连接绞盘、支点及绞索钩和U形吊耳。如果绞盘没有足够的力量用单线拖动重物，就需要用双线增强其力度，还需要一个紧线滑轮。

还有一点要注意，即用树做支点时，要使用带子最宽的部分，以免带子勒到树皮里毁坏树木，而且一定要将带子的左右两端分别绑在吊耳两侧，两边的带子长度要一样。

（2）拖拉　用绞盘进行拖拉的具体步骤为：

1）检查鼓轮。开始之前，一定要保证钢缆整齐地绕在鼓轮上。

2）如果钢缆脱出，应防止它来回甩动。如果钢缆绷断了，来回甩动的钢缆可能非常危险。为避免这种危险的发生，应在绷紧的钢缆上放一块垫子。

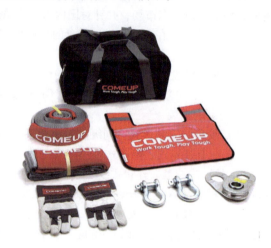

图6-21　绞盘工具套装

3）开始拖拉，如果用钢缆拉自己的汽车，最好有一个人在车外帮助你。这样，驾驶人可以根据车外指挥者的指令，在车上操纵绞盘。

4）如果钢缆绞在一起了，一定要把它拉开。钢缆绕上鼓轮时很容易交叉或是在一侧变得不平整。因此，要密切注意它的状态。

5）当车能够自由行走时，拖拉就完成了。一旦回到平地上，要检查车辆和钢缆的状况。如果能够不靠外力开动车子，使用绞盘拖拉的过程就结束了。

6）把钢缆卷好。拉紧钢缆，小心地送回去。如果钢缆在鼓轮上交叉或扭曲，先要完全解开，然后再重卷。

7）最后放好钩子。当钢缆只剩下最后一点时，把钩子绑在绞盘侧面。然后把剩下的一点钢缆卷起来，把钩压住。

8）拆下遥控器。

**2. 绞盘的保养**（详见表6-2）

绞盘常在恶劣条件下使用。因此，日常的使用会严重影响其寿命，一定不能忽视日常的保养。

表6-2　绞盘的保养

| | |
|---|---|
| 绞盘内部容易进水，需要经常拆解保养（建议每年1次），重新更换润滑油和检查齿轮 |  |

项目六　汽车越野性能改装　155

（续）

| 说明 | 图示 |
|---|---|
| 钢缆如果出现死摺、断丝等情况需要及时更换 |  |
| 检查离合器是否有打滑的情况 |  |
| 尽量避免过多的涉水 |  |
| 绞盘的继电器需要经常检查是否正常，触电有无灼烧的情况，并接好绞盘的地线。减少长时间不间断操作绞盘，以免继电器过热 |  |
| 如果使用完毕以后，绞索一定要把它松开，并重新缠好，然后收起来。如果绞盘和绞索弄脏了，一定要彻底清洁。常用一点润滑剂，有助于防锈，不然就会减少它的使用寿命。如果一次使用绞盘的时间较长，会给电池带来额外的负荷。因此电池也应该经常检查和保养 |  |

## 任务实施

| | 图片及介绍 |
|---|---|
| 原车 |  |
| 改装后 |    |
| 任务分析 | 一辆丰田普拉多更换了 WARN（沃恩）9.5xp 电动绞盘，其具体参数如下：<br>1）全重 39.5kg，采用 6hp 直流电机，单线拉力 9500 磅（4310kgf），遥控操作距离 3.7m，直径 8mm 钢缆长 30m。<br>2）正常使用至少需要 650 CCA（冷起动电流）的电池供应。<br>3）整机体积 577mm（L）×160mm（D）×196mm（H）<br>更换了绞盘后，该车在越野过程中的自救能力得到了大幅提升 |

## 项目六　汽车越野性能改装

| 任务名称 | 正确操作越野车绞盘 | 学时 | | 班级 | |
|---|---|---|---|---|---|
| 学生姓名 | | 学生学号 | | 任务成绩 | |
| 实训设备 | 越野车绞盘工具套装 | 实训场地 | | 日期 | |
| 任务描述 | | | | | |
| 任务目的 | 通过教师演示，分组操作，使学生掌握运用越野车绞盘进行施救的方法 | | | | |

一、资讯

绞盘是越野车自我保护及牵引的装置，可在雪地、沼泽、沙漠、海滩、泥泞山路等恶劣环境中进行车辆自救，并可能在其他条件下，进行清障、拖拉物品、安装设施等作业。

二、问答题

1. 绞盘的类型有哪些，各自有什么特点？

2. 绞盘的选用需要考虑哪些因素？

3. 绞盘的安装形式有几种？

三、操作过程

| 序号 | 操作步骤 | 完成情况 |
|---|---|---|
| 1 | 插入遥控器。将遥控器连线端头插入绞盘。拉开绞索，打开离合器。用手握住绞索钩。将绞索拉到支点后，锁上离合器。绞盘准备完毕 | |
| 2 | 固定支点 | |
| 3 | 检查鼓轮。开始之前，一定要保证钢缆整齐地绕在鼓轮上。<br>如果钢缆绞在一起了，一定要把它拉开。钢缆绕上鼓轮时很容易交叉或是在一侧变得不平整。 | |
| 4 | 当车能够自由行走时，拖拉就完成了。一旦回到平地上，要检查车辆和钢缆的状况。如果能够不靠外力开动车子，使用绞盘拖拉的过程就结束了 | |
| 5 | 把钢缆卷好。拉紧钢缆，小心地送回去。如果钢缆在鼓轮上交叉或扭曲，先要完全解开，然后再重卷 | |
| 6 | 最后放好钩子。当钢缆只剩下最后一点时，把钩子绑在绞盘侧面。然后把剩下的一点钢缆卷起来，把钩压住 | |
| 7 | 拆下遥控器 | |

(续)

四、检查

任务完成后,进行如下检查:

1. 检查仪器、工具、设备是否复位:_____。
2. 检查场地是否清洁:_____。
3. 检查任务工单是否填写完整:_____。

五、评估

1. 请根据自己任务完成的情况,对自己的工作进行自我评估,并提出改进意见。

1) _____

2) _____

2. 工单成绩(总分为自我评价、组长评价和教师评价得分值的平均值)

| 自 我 评 价 | 组 长 评 价 | 教 师 评 价 | 总　　分 |
| --- | --- | --- | --- |
|  |  |  |  |

## 项目七　汽车改装合同及验收

### 目标与要求

通过完成本项目,应达成以下目标及要求:
1. 对汽车改装合同有一定的了解。
2. 掌握汽车改装的权利和义务。
3. 会填写汽车改装验收单。
4. 掌握汽车改装外观质量评定标准。
5. 掌握汽车改装车身质量评定标准。
6. 掌握汽车改装性能质量评定标准。

## 任务一　汽车改装合同的基本知识

### 任务导入

小王是一位私家车的车主,他想把自己的爱车进行一番改装。但是不知道该如何填写汽车改装合同。你能介绍一下关于汽车改装合同的一些基本知识吗?

### 知识准备

#### 一、汽车改装合同的形式

汽车改装在我国出现的时间比较短,我国目前还没有关于汽车改装合同内容以及合同当事人权利和义务的要求,因此,我们参照汽车维修合同的相关内容,草拟一下有关汽车改装合同的内容,仅供参考。

由于我国目前从事汽车改装的企业大多是汽车维修企业,因此为了方便理解,在下述的汽车改装合同中,我们仍然将承揽人叫承修方,定做人叫托修方。

汽车改装合同的形式有口头合同和书面合同两种。汽车改装合同涉及的金额有大有小,对于数额较大的改装要订立书面的合同,对明确双方当事人的权利和义务有积极的意义。参照《汽车维修合同实施细则》的要求,在签订的汽车改装合同预算在 1000 元以上时,最好签订书面的汽车改装合同。

汽车改装合同签订后,任何一方不得擅自变更或解除。当事人一方要求变更或解除改装合同时,应及时以书面形式通知对方。因变更或解除合同使一方遭受损失的,除依法可以免除责任的外,应由责任方负责赔偿。托修方按合同规定对竣工车辆进行验收签字后,方能接收车辆。承修方必须按其义务和规定提供有关资料。托修方未按合同规定时间送修车辆和承修方未按合同规定时间交付竣工车辆，应按合同规定支付对方违约金。

## 二、汽车改装合同的主要内容

汽车改装合同主要包括以下内容：
1）承、托修方的名称；
2）签订日期及地点；
3）合同编号；
4）送改车辆的车种车型、牌照号、发动机型号（编号）、底盘号；
5）改装类别及项目；
6）预计改装费用；
7）质量保证期；
8）送改日期、地点、方式；
9）交车日期、地点、方式；
10）托修方所提供材料的规格、数量、质量及费用结算原则；
11）验收标准和方式；
12）结算方式及期限；
13）违约责任和金额；
14）解决合同纠纷的方式；
15）双方商定的其他条款。

## 三、汽车改装的权利和义务

**1. 承修方的权利和义务**

1）承修方应按照国家标准、地方标准、原厂标准或双方约定的其他质量要求改装汽车。

2）承修方不得使用假冒伪劣配件改装汽车，因承修方提供的配件原因造成改装质量问题的，承修方应承担赔偿责任。

3）承修方对改装车辆进行改装时应进行改装前的进厂诊断检验、填写诊断检验单，并进行改装过程检验和竣工质量检验。经检验的各项性能指标应符合国家标准、行业标准或地方标准的要求。

4）承修方自接收待改装汽车至竣工交付托修方前，除为改装或检验目的外，不得动用在修汽车。承修方违反上述约定的，照价赔偿油料等直接损失，造成汽车损坏或报废的，负责修理并赔偿损失。

5）承修方对汽车进行改装竣工质量检验，经检验合格的，由汽车改装质量检验员签发机动车改装竣工出厂合格证。未签发机动车改装竣工出厂合格证的汽车不得交付使用，托修方有权拒绝交费或接车。

6）承修方在改装中换下的配件、总成，竣工交车时应交给托修方自行处理。但对环保有影响的废弃物品，在征得托修方同意的情况下，由承修方按照有关规定统一处理。

7）承修方向托修方交付修竣车辆时，应向托修方出具正规的结算票据，并附改装结算清单，工时费和材料费应分项列明。承修方不出具正规结算票据和改装结算清单的，托修方有权拒绝支付费用。

8）在质量保证期内因改装质量原因造成机动车无法正常使用，且3日内不能或者无法提供因非改装原因而造成机动车无法使用的相关证据，机动车改装企业应当及时无偿返修，做好车辆返修记录，不得故意拖延或者无理拒绝。

9）在质量保证期内，机动车因同一故障或改装项目经两次改装仍不能正常使用的，机动车改装企业应当负责联系其他机动车改装企业，并承担相应改装费用。

10）承修方使用无生产厂名、厂址、无产品合格证的零配件改装汽车的，托修方有权解除合同。承修方在接到解除合同的通知后二日内，应当退还托修方车辆及托修方已经支付给承修方的款项。因承修方上述行为造成托修方车辆损害的，承修方还应承担赔偿责任。

**2. 托修方的权利和义务**

1）托修方向承修方交付改装车辆时，应自行取走车内可移动贵重物品及相关证件。固定在汽车上的附件、设备按要求填写车辆改装预检交接单，承修方在竣工交车前对此负有保管责任。

2）托修方自备配件的，应当提供配件产品质量检验合格证明，并在机动车改装合同或者结算清单中记载。因自备配件原因造成的改装质量问题，托修方应自行承担相应责任。

3）若承修方未签发机动车改装竣工出厂合格证，托修方有权拒绝支付维修费用。

4）若承修方未按规定出具正规结算票据，改装结算清单或工时费和材料费填写不清的，托修方有权拒绝支付维修费用。

5）托修方要改变汽车车身颜色，更换发动机、车身和车架的，须向承修方出示按照有关法律、法规规定办理的相关手续的原件及复印件。

6）承修方在改装过程中需要托修方提供协助的，托修方应当履行协助义务。

7）结算价格按照双方约定的执行标准，双方另行议价的，可以按照议价价格执行。

### 四、汽车改装合同参考文本

托修方（甲方）：_____

承修方（乙方）：_____

根据《中华人民共和国合同法》等法律、法规的规定，甲乙双方在平等、自愿、公平、诚实信用的基础上，就汽车改装事宜达成协议如下：

第一条　改装车辆

1. 车牌号　2. 发动机号　3. 颜色　4. 车型　5. VIN代码/车架号　6. 行驶公里数

第二条　改装类别与项目

乙方应当对承修车辆进行改装前诊断检验，提出需要改装的类别和项目，填写《车辆改装前诊断检验单》。甲方确认后在该《车辆改装前诊断检验单》上签字。

第三条　改装配件材料

1. 乙方提供改装配件材料的，应当如实填写材料清单，分别标明原厂配件、副厂配件或者修复配件，明码标价，并保证质量。

2. 乙方在改装中换下配件、总成等，交由甲方自行处理。

第四条　维修价格

1. 甲方同意乙方按照公示的工时单价_____元/工时、材料进销差价率_____%进行计价。

2. 结算工时定额执行标准：汽车制造企业提供 □　市交通管理局制定 □。

3. 改装预算费用：_____元，大写：_____。其中：工时费_____元，大写：_____；材料费_____元，大写：_____。

4. 改装费用高于或低于改装预算费用的_____%时，由双方协商解决，否则按照实际发生的改装费用结算。

**第五条　车辆交接**

乙方接收待修车辆时，甲方应当自行取走车内可移动物品。车上附件、设备等填入《车辆改装前诊断检验单》的，乙方在竣工交车前对其及承修车辆负有保管责任。

**第六条　质量标准**

1. 质量标准执行：国家标准 □　行业标准 □　地方标准 □　制造企业维修手册等有关资料的要求 □。

2. 质量保证期按照下列第＿＿＿＿＿＿＿＿＿＿项执行。

1）按照交通部《机动车维修管理规定》第三十七条规定执行：整车或总成修理的质量保证期为车辆行驶××公里或者100日；二级维护的质量保证期为车辆行驶5000公里或者30日；一级维护、小修、专项修理的质量保证期为车辆行驶××公里或者10日。

2）按照乙方承诺（不低于交通部规定）的"车辆行驶＿＿＿＿＿＿＿＿＿＿公里或＿＿＿＿＿＿＿＿＿＿日"执行。

3. 质量保证期，从改装竣工后，由甲方验收取车的当日起计算；因改装质量问题返修的，其返修的作业项目，从返修竣工后，由甲方验收取车的当日起重新计算。行驶里程和日期指标，以先达到者为准。

**第七条　竣工验收**

1. 竣工交付日期为＿＿＿＿＿＿＿＿＿＿年＿＿＿＿＿＿＿＿＿＿月＿＿＿＿＿＿＿＿＿＿日前，交付地点为＿＿＿＿＿＿＿＿＿＿＿＿＿＿＿＿＿＿＿＿。

2. 改装竣工质量检验合格的，对二级维护（含）以上的车辆，乙方应当由改装质量检验人员签发全国统一样式的机动车维修竣工出厂合格证；对二级维护以下的车辆，乙方应当发给维修合格证明（含结算清单）。乙方未签发或者发给的，甲方有权拒付费用。

**第八条　结算**

1. 车辆改装竣工后，乙方应当向甲方出具法定的结算票据，并附当地运输管理处监制的机动车改装结算清单，工时费和材料费应当分项列明。乙方未出具法定结算票据及结算清单的，甲方有权拒付费用。

2. 付款方式：现金 □　转账 □　其他 ＿＿＿＿＿＿＿＿＿＿ □。

3. 付款期限：＿＿＿＿＿＿＿＿＿＿＿＿＿＿＿＿＿＿＿＿。

## 任务工单

| 任务名称 | 汽车改装合同的基本知识 | | 学时 | | 班级 | |
|---|---|---|---|---|---|---|
| 学生姓名 | | | 学生学号 | | 任务成绩 | |
| 实训设备 | | | 实训场地 | | 日期 | |
| 任务描述 | 小王是一位私家车主，想对自己的爱车进行一番改装，但是他对汽车改装合同的相关知识不是太了解。你能向他介绍一下汽车改装合同的相关知识吗？ | | | | | |
| 任务目的 | 以行动为导向，引导学生学习，使学生了解汽车改装合同的制订方式与验收方法 | | | | | |

一、简答题

1. 汽车改装合同的形式都有哪些？

2. 汽车改装合同的内容都有哪些？

项目七　汽车改装合同及验收

（续）

3. 汽车改装托修方的权利和义务都有哪些？

4. 汽车改装承修方的权利和义务都有哪些？

二、检查

任务完成后，进行如下检查：

1. 检查仪器、工具、设备是否复位：_____。
2. 检查场地是否清洁：_____。
3. 检查任务工单是否填写完整：_____。

三、评估

1. 请根据自己任务完成的情况，对自己的工作进行自我评估，并提出改进意见。

1) _____

2) _____

2. 工单成绩（总分为自我评价、组长评价和教师评价得分值的平均值）

| 自我评价 | 组长评价 | 教师评价 | 总　　分 |
| --- | --- | --- | --- |
|  |  |  |  |

## 任务二　汽车改装检验相关文件

小王是一位私家车的车主，他想把自己的爱车进行一番改装。但是不知道如何按照汽车改装相关文件进行检验。你能介绍一下关于汽车改装检验文件的一些基本知识吗？

### 一、汽车改装进厂检验收单

由于汽车改装目的的不同、改装部位的差异，使得改装质量验收标准很难掌握。目前，我国还没有出台一个权威性的汽车改装质量验收标准。因此，在当前的形势下，在合同签订时，改装双方应就改装后所达到的质量要求约定一个共同认可的标准，作为验收依据。同时，还应明确验收的方式。

为了方便汽车改装承、托修双方制定汽车改装质量验收标准，我们参照《汽车发动机大修竣工质量评定标准》和《汽车车身大修修理质量检查评定标准》等制定汽车改装质量验收标准，仅供参考。

**1. 评定技术要求**

汽车改装进厂检验单应包括下列内容：进厂编号、牌照号、厂牌、车型、托修单位（人）、车辆状态、车身附件清点记录、车身检查记录、检验日期、检验员签字。检验单中字迹应清晰，项目应齐全、完整，填写真实、正确。

**2. 检查方法与手段**

按照汽车改装进厂检验单上所列内容一一对照查阅。

**3. 评定方法**

检验单中各项有一处不符合要求，则计一项次不合格。

### 二、汽车改装工艺过程检验单

**1. 评定技术要求**

汽车改装工艺过程检验单应包括下列内容：进厂编号、厂牌、车型、检验项目、检验结果记录、检验结论、改装办法、改装师签字、检验员签章及日期等。检验单中字迹应清晰，项目应齐全、完整，填写真实、正确。

**2. 检查方法与手段**

按照汽车改装工艺过程检验单上所列的内容一一对照查阅。

**3. 评定方法**

检验单中各项有一处不符合要求，则计一项次不合格。

### 三、汽车改装竣工检验单

**1. 评定技术要求**

汽车改装竣工检验单应包括下列内容：进厂编号、厂牌、车型、托修单位（人）、承修单位（人）、检验项目、检验结果记录、检验结论、改装办法、改装师签字、检验员签章及日期等。检验单中字迹应清晰，项目应齐全、完整，填写真实、正确。检验项目、要求、方法、名词术语和计算单位应符合国家、行业有关标准及相关技术文件的有关规定。

**2. 检查方法与手段**

按照汽车改装竣工检验单上所列的内容一一对照查阅。

**3. 评定方法**

检验单中各项有一处不符合要求，则计一项次不合格。

### 四、汽车改装合格证

目前，我国没有行业主管部门印制并发放的汽车改装合格证，因此，汽车改装承修单位可根据单位实际情况，参照汽车维修合格证制定本单位的汽车改装合格证。

**1. 评定技术要求**

汽车改装合格证内容应包括下列内容：进厂编号、厂牌、车型、底盘号、改装合同号、出厂日期、承修单位质量检验部门盖章、检验员签章及日期等。检验单中字迹应清晰，项目应齐全、完整，填写真实、正确。名词术语应符合国家、行业有关标准及相关技术文件的有关规定。

**2. 检查方法与手段**

按照汽车改装合格证上所列内容一一对照查阅。

## 项目七 汽车改装合同及验收

**3. 评定方法**

检验单中各项有一处不符合要求，则计一项次不合格。

| 任务名称 | 汽车改装检验相关文件 | 学时 | | 班级 | |
|---|---|---|---|---|---|
| 学生姓名 | | 学生学号 | | 任务成绩 | |
| 实训设备 | | 实训场地 | | 日期 | |
| 任务描述 | 小王是一位私家车的车主，他想把自己的爱车进行一番改装。但是不知道如何按照汽车改装检验相关文件进行检验。你能介绍一下关于汽车改装检验相关文件的一些知识吗？ | | | | |
| 任务目的 | 以行动为导向，引导学生学习，使学生学会汽车改装检验相关文件的知识 | | | | |

一、简答题

1. 汽车改装进厂检验单应包括哪些内容？

2. 汽车改装工艺过程检验单应包括哪些内容？

3. 汽车改装竣工检验单应包括哪些内容？

4. 汽车改装合格证内容应包括哪些内容？

二、检查

任务完成后，进行如下检查：

1. 检查仪器、工具、设备是否复位：_____。
2. 检查场地是否清洁：_____。
3. 检查任务工单是否填写完整：_____。

三、评估

1. 请根据自己任务完成的情况，对自己的工作进行自我评估，并提出改进意见。

1) _____

2) _____

2. 工单成绩（总分为自我评价、组长评价和教师评价得分值的平均值）

| 自我评价 | 组长评价 | 教师评价 | 总　分 |
|---|---|---|---|
| | | | |

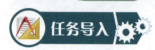

## 任务三　汽车改装质量评定

 **任务导入**

小王是一位私家车的车主，他想把自己的爱车进行一番改装。但是不知道如何评定汽车改装后的质量。你能介绍一下关于汽车改装质量评定的一些基本知识吗？

### 一、汽车改装外观质量评定

外观质量评定，包括车身蒙皮和护板、面漆、装饰件等质量评定。

**1. 车身蒙皮和护板**

**（1）蒙皮**

评定技术要求：车身蒙皮应形状正确、平整、曲面圆顺、无松弛和裂损。

检查方法与手段：检视。

评定方法：有一处以上缺陷为不合格。

**（2）铆钉与螺钉**

评定技术要求：车辆周身铆钉和螺钉应平贴、紧固。

检查方法与手段：检视。

评定方法：有两处以上缺陷为不合格。

**（3）护板**

评定技术要求：车辆护板应平整、曲面圆顺、无凸凹变形和裂损。

检查方法与手段：检视。

评定方法：有两处以上缺陷为不合格。

**（4）护板及压条**

评定技术要求：车辆蒙皮和护板压条应密合牢固，且应平直，不应有扭曲变形。

检查方法与手段：检视。

评定方法：有两处以上缺陷为不合格。

**2. 面漆**

**（1）面漆表面**

评定技术要求：漆表面应无流痕、起泡、裂纹、皱皮、脱层和缺漆。

检查方法与手段：检视。

评定方法：有两处以上缺陷为不合格。

**（2）面漆边界**

评定技术要求：面漆异色边界应分明、整齐。

检查方法与手段：检视。

评定方法：有两处以上缺陷为不合格。

**（3）漆膜光泽**

评定技术要求：车身蒙皮漆膜光泽度，客车应不低于90%。

检查方法与手段：用漆膜光泽测量仪按 GB/T 1743—79 中的规定测量。

评定方法：不符合规定为不合格。

**（4）漆硬度**

评定技术要求：漆表面硬度应符合 QC/T 484—1999 中的规定。

检查方法与手段：按 QC/T 484—1999 规定检验。

评定方法：不符合规定为不合格。

**3. 装饰件**

**（1）内外装饰件外观**

评定技术要求：内外装饰件外观应平顺贴合、无凹陷、凸起或弯曲，拐角圆顺，表面无划痕、捶击印；紧固件排列整齐、安装牢固。

检查方法与手段：检视。

评定方法：有两处以上缺陷为不合格。

**（2）装饰带**

评定技术要求：外装饰带分段接口处应平齐，接口间隙不大于 0.5mm，并与窗下沿平行，其平行度误差在全长内不应大于 5mm。

检查方法与手段：用塞尺测量接口间隙，钢直尺测量平行度。

评定方法：有一处以上缺陷为不合格。

**（3）电镀装饰件**

评定技术要求：电镀装饰件应光亮、无锈斑、脱层、划痕，铝质装饰件表面应抛光，并经氧化或电化学处理。

检查方法与手段：检视。

评定方法：有两处以上缺陷为不合格。

## 二、汽车改装车身质量评定

改装车身质量评定，包括外形寸、内外凸起物、车门和车窗等测量评定。

**1. 外形尺寸**

评定技术要求：应符合原设计规定

检查方法与手段：测量外部尺寸时，能用钢卷尺按 GB/T 12673—1990 中规定的外部宽度、高度、长度等测量项目进行，测量内部尺寸按 GB/T 12673—1990 中规定的测量项目进行。

评定方法：不符合规定为不合格。

**2. 内、外凸起物**

评定技术要求：车身内外部不应有任何可使人致伤的尖锐突出物。

检查方法与手段：检视。

评定方法：有一处以上缺陷为不合格。

**3. 车门**

评定技术要求：车门应启闭轻便、锁止可靠；门缝均匀，密封条有效。

检查方法与手段：检视。

评定方法：不符合规定为不合格。

**4. 车窗**（风窗、后窗）

**（1）外形**

评定技术要求：侧窗、角窗及顶风窗无翘曲变形。

检查方法与手段：检视。

评定方法：有两处以上缺陷为不合格。

### (2) 开启

评定技术要求：可开窗应启闭轻便、关闭严密、锁止可靠，电动升降机、摇窗机灵活有效。

检查方法及手段：检视。

评定方法：有两处以上缺陷为不合格。

### (3) 封条

评定技术要求：密封条应齐全，无老化、破损，粘接牢固、有效。

检查方法与手段：检视。

评定方法：有两处以上缺陷为不合格。

### (4) 玻璃

评定技术要求：门窗玻璃应采用安全玻璃，前风窗玻璃应采用夹层玻璃或部分区域钢化玻璃；其他门窗可采用钢化玻璃，并应齐全、完好、透明；前风窗玻璃应不眩目。

检查方法与手段：检视。

评定方法：有两处以上缺陷为不合格。

### 5. 发动机罩

评定技术要求：应无裂损、凹凸变形，盖合严密、边缝均匀，附件齐全有效、开启灵活、锁止可靠。

检查方法与手段：检视。

评定方法：有两处以上缺陷为不合格。

### 6. 行李箱盖

评定技术要求：无裂损、变形，开启灵活、盖合严密、边缝均匀、锁止可靠、支起牢固。

检查法与手段：检视。

评定方法：有两处以上缺陷为不合格。

### 7. 座椅
#### (1) 间距

评定技术要求：座椅间距应符合原厂设计规定或符合改装改造技术要求的规定。

检查方法与手段：用钢直尺测量。

评定方法：有两处以上缺陷为不合格。

#### (2) 座椅架

评定技术要求：座椅架应无裂损、变形、锈蚀，安装牢固。

检查方法与手段：检视。

评定方法：有两处以上缺陷为不合格。

#### (3) 调节机构

评定技术要求：座椅调节机构灵活、有效、锁止可靠。

检查方法与手段：检视。

评定方法：有两处以上缺陷为不合格。

### 8. 仪表盘

评定技术要求：无裂损、凹凸变形，安装可靠，仪表齐全、完好、准确。

检查方法与手段：检视。

评定方法：有一处以上缺陷为不合格。

### 9. 后视镜

评定技术要求：成像清晰，调节灵活，支架无裂损和诱蚀，装置牢固。

检查方法与手段：检视。

评定方法：有一处以上缺陷为不合格。

**10. 刮水器**

评定技术要求：工作可靠，有效刮面达原设计要求。

检查方法与手段：检视。

评定方法：不符合要求为不合格。

**11. 防雨密封性**（关键项）

评定技术要求：防雨密封性限值应符合 GB/T 12481—1990 中的规定。

检查方法与手段：按 GB/T 12481—1990 中的规定测量。

评定方法：不符合要求为不合格。

**12. 防尘密封性**（关键项）

评定技术要求：防尘密封性限值应符合 GB/T 12479—1990 中的规定。

检查方法与手段按 GB/T 12479—1990 中的规定量。

评定方法：不符合要求为不合格。

**13. 车内噪声**（关键项）

评定技术要求：汽车最大允许噪声应符合 GB 1495—2002 的有关规定。

检查方法与手段：按 GB 1495—2002 的规定测量。

评定方法：不符合要求为不合格。

### 三、汽车改装发动机质量评定

改装发动机质量的评定包括装备与装配、进气管真空度、气缸压力、发动机运转情况等质量评定。

**1. 装备与装配**

评定技术要求：发动机装备齐全、有效，装配应符合 GB/T 3799—2005 中的有关规定。

检查方法与手段：检视。

评定方法：有两处以上缺陷为不合格。

**2. 进气管真空度**

① 真空度数值。

评定技术要求：汽油发动机怠速时，进气歧管真空度应为 60～70kPa，增压发动机应符合增压要求。

检查方法与手段：用转速表、真空计、气压计检查（大气压强以海平面为准）。

评定方法：不符合规定为不合格。

② 真空度波动范围。

评定技术要求：发动机怠速时，进气歧管真空度波动，6 缸汽油机不超过 3（刻度），4 缸汽油机不超过 0。

检查方法与手段：用转速表、真空计检查（大气压力以海平面为准）。

评定方法：不符合规定为不合格。

**3. 气缸压力**

① 压力数值。

评定技术要求：气缸压缩压力应符合原设计规定。

检查方法与手段：用转速表、气缸压力表检查。

评定方法：不符合规定为不合格。

② 气缸压力差。

评定技术要求：每缸压力与各缸平均压力的差——汽油机不超过8%，柴油机不超过10%。
检查方法与手段：用转速表、气缸压力表检查或用动机分析仪测量。
评定方法：不符合规定为不合格。

#### 4. 发动机运转情况

① 怠速。

评定技术要求：发动机怠速运转稳定，其转速符合原设计规定。转速波动不大于50r/min。
检查方法与手段：用转速表进行运转试验或用发动机综合分析仪测量。
评定方法：不符合规定为不合格。

② 改变转速。

评定技术要求：发动机改变转速时应过渡圆滑。
检查方法与手段：用发动机转速表测量。
评定方法：不符合要求为不合格。

③ 加速或减速。

评定技术要求：发动机突然加速或减速时不得有突爆声，转速变化均匀，不得有断火、爆燃现象。
检查方法与手段：检视。
评定方法：不符合要求为不合格。

#### 5. 异响

评定技术要求：发动机在正常工况下运转时，不得有异常响声。
检查方法与手段：检视或用发动机异响分析仪检查。
评定方法：不符合要求为不合格。

#### 6. 机油压力

评定技术要求：发动机机油压力应符合原设计规定。
检查方法与手段：用机油表进行运转试验。
评定方法：不符合规定为不合格。

#### 7. 冷却液温度、油温

评定技术要求：发动机冷却液温度、油温应符合原设计规定。
检查方法与手段：用冷却液温度表、油温表进行试验。
评定方法：不符合规定为不合格。

#### 8. 四漏情况（关键项）

评定技术要求：发动机应无漏水、漏油、漏气、漏电现象。
检查方法与手段：检视。
评定方法：不符合要求为不合格。

#### 9. 喷漆

评定技术要求：发动机应按照规定涂漆，涂层均匀、不得有漏涂现象。
检查方法与手段：检视。
评定方法：有两处以上缺陷为不合格。

### 四、汽车改装性能质量评定

汽车改装性能质量评定包括起动性能、动力性能、燃料经济性和制动性能的评定。

#### 1. 起动性能

##### （1）冷车起动（关键项）

评定技术要求：在环境不低于-5℃，应起动顺利，允许连续起动不多于3次，每次起动时间不多于 5s。

检查方法与手段：检视。

评定方法：起动超过 3 次或多于 5s 均为不合格。

(2) 热车起动

评定技术要求：在发动机正常工作温度下 5s 内能起动。

检查方法与手段：检视。

评定方法：不符合要求为不合格。

**2. 动力性能**

评定技术要求：以动力提升为目的的改装，改装后的动力性能应提高明显并达到约定的指标。非动力提升改装，改装后发动机的最大功率不得低于原设计的规定值。

检查方法：最高车速、加速时间和最大爬坡度三项指标可任选其一测量。有条件的可用测功机（仪）按有关规定测量。

评定方法：不符合要求为不合格。

**3. 燃烧经济性**

(1) 燃料消耗率（关键项）

评定技术要求：发动机最低燃料消耗率不得高于原设计要求。

检查方法与手段：用油耗计、测功机仪按有关规定测量。

评定方法：不符合要求为不合格。

(2) 百公里油耗

评定技术要求：汽车百公里油耗不得高于原设计要求（提高发动机功率的改装除外）。

检查方法与手段：实际驾车测量。

评定方法：不符合要求为不合格。

**4. 制动性**

评定技术要求：汽车制动性应符合 GB 12676—2014 的规定。防抱死制动系统的性能应符合 GB/T 13594—2003 的规定。

检查方法与手段：按 GB 12676—2014、GB/T 13594—2003 规定测量。

评定方法：不符合规定为不合格。

**5. 环境保护性**

(1) 排放（关键项）

评定技术要求：汽油机排放应符合 GB 18285—2005 的规定。检查方法与手段：按 GB 18285—2005 的规定测量。

评定方法：不符合规定为不合格。

(2) 噪声（关键项）

评定技术要求：汽车加速行驶车外噪声须符合国家标准 GB 1495—2002，车内噪声应符合 GB 7258—2012 的规定。

检查方法与手段：车外噪声按 GB 1495—2002 规定测量，车内噪声按 GB/T 18697—2002 的规定测量。

评定方法：不符合规定为不合格。

(3) 无线电干扰

评定技术要求：汽车无线电干扰特性应符合 GB14023—2011 的规定。

检查方法与手段：按 GB14023—2006 的规定测量。测量仪器应符合 GB/T 6113.102—2008 的规定。

评定方法：不符合规定为不合格。

**6. 操纵稳定性**

评定技术要求：汽车操纵稳定性应符合 GB/T 6323—2014 中的要求。

检查方法与手段：按 GB/T 6323—2014 中的规定测量。

评定方法：不符合规定为不合格。

**7. 平顺性**

评定技术要求：改装后汽车的平顺性应不低于原车设计，可按 GB/T 4970—2009 中的规定测量。

检查方法与手段：按 GB/T 4970—2009 中的规定测量。

评定方法：不符合规定为不合格。

**8. 通过性**

评定技术要求：改装后汽车的最小离地间隙、接近角、离去角应符合原设计要求。

检查方法与手段：实际测量。

评定方法：不符合要求为不合格。

**9. 可靠性**

可靠性无法进行检验，只能通过保修期来保证。

**10. 整备质量**

评定技术要求：改装后汽车整备质量及轴荷分配不得超过原设计的3%。

检查方法与手段：用汽车平衡或汽车轮轴质量仪测量。

评定方法：不符合规定为不合格。

现实当中，汽车改装的项目很多，不可能一一列举。而且上面所列的检验方法中，有些太专业化，有些只能在试验室进行，可操作性不强，在此提出来仅供参考。在实际改装过程中，改装双方在制定改装合同时，应根据实际情况协商出一个双方都认可的、可操作的质量验收标准。

| 任务名称 | 汽车改装质量评定 | 学时 | | 班级 | |
|---|---|---|---|---|---|
| 学生姓名 | | 学生学号 | | 任务成绩 | |
| 实训设备 | | 实训场地 | | 日期 | |
| 任务描述 | 小王是一位私家车的车主，他想把自己的爱车进行一番改装。但是不知道针对于汽车改装的质量评定标准。你能介绍一下关于汽车改装质量评定的一些知识吗？ | | | | |
| 任务目的 | 以行动为导向，引导学生学习，使学生掌握汽车改装质量评定的基本方法与技巧 | | | | |

一、简答题

1. 汽车改装外观质量评定指标都有哪些？

2. 汽车改装车身质量评定指标都有哪些？

3. 汽车改装发动机质量评定指标都有哪些？

（续）

4. 汽车改装性能质量评定指标都有哪些？


二、检查
任务完成后，进行如下检查：
1. 检查仪器、工具、设备是否复位：_____。
2. 检查场地是否清洁：_____。
3. 检查任务工单是否填写完整：_____。

三、评估
1. 请根据自己任务完成的情况，对自己的工作进行自我评估，并提出改进意见。
1) _____

2) _____

2. 工单成绩（总分为自我评价、组长评价和教师评价得分值的平均值）

| 自我评价 | 组长评价 | 教师评价 | 总　　分 |
| --- | --- | --- | --- |
|  |  |  |  |

# 参 考 文 献

[1] 施进. 汽车改装 ABC [M]. 南京：江苏科学技术出版社，2009.
[2] 宁德发. 汽车改装技术应用与实例 [M]. 北京：化学工业出版社，2017.
[3] 吴翰奋. 汽车音响原理及汽车改装实用技术 [M]. 北京：机械工业出版社，2005.
[4] 刘步丰. 汽车装饰与改装 [M]. 北京：机械工业出版社，2007.